Modelos
de gestão

Central de Qualidade — FGV Management
ouvidoria@fgv.br

SÉRIE GESTÃO DE PESSOAS

Modelos
de gestão

3ª edição

Victor Cláudio Paradela Ferreira
Antonio Semeraro Rito Cardoso
Carlos José Corrêa
Célio Francisco França

ISBN — 978-85-225-0730-6

Copyright © 2009 Victor Cláudio Paradela Ferreira, Antônio Semeraro Rito Cardoso, Carlos José Corrêa, Célio Francisco França

Direitos desta edição reservados à
EDITORA FGV
Rua Jornalista Orlando Dantas, 37
22231-010 — Rio de Janeiro, RJ — Brasil
Tels.: 0800-021-7777 — 21-3799-4427
Fax: 21-3799-4430
e-mail: editora@fgv.br — pedidoseditora@fgv.br
web site: www.fgv.br/editora
Impresso no Brasil/*Printed in Brazil*

Todos os direitos reservados. A reprodução não autorizada desta publicação, no todo ou em parte, constitui violação do copyright (Lei nº 9.610/98).

Os conceitos emitidos neste livro são de inteira responsabilidade dos autores.

Este livro foi editado segundo as normas do Acordo Ortográfico da Língua Portuguesa, aprovado pelo Decreto Legislativo nº 54, de 18 de abril de 1995, e promulgado pelo Decreto nº 6.583, de 29 de setembro de 2008.

1ª edição — 2005; 2ª edição — 2006; 1ª reimpressão — 2007; 2ª e 3ª reimpressões — 2008. 3ª edição — 2009; 1ª e 2ª reimpressões — 2010; 3ª reimpressão — 2011; 4ª reimpressão — 2012; 5ª reimpressão — 2013; 6ª reimpressão — 2014.

Revisão de originais: Claudia Martinelli Gama e Andréa Bivar
Editoração eletrônica: FA Editoração Eletrônica
Revisão: Luciana Nogueira Duarte e Marco Antonio Corrêa
Capa: aspecto:design
Ilustração de capa: André Bethlem

    Ferreira, Victor Cláudio Paradela
        Modelos de gestão / Victor Cláudio Paradela Ferreira, Antônio Semeraro Rito Cardoso, Carlos José Corrêa, Célio Francisco França.
    3. ed. — Rio de Janeiro : Editora FGV, 2009.
        192 p. — (Gestão de pessoas)

        Acima do título: Publicações FGV Management.
        Inclui bibliografia.

        1. Gestão de empresas. I. Cardoso, Antônio Semeraro Rito. II. Corrêa, Carlos José. III. França, Célio Francisco. IV. Fundação Getulio Vargas. V. FGV Management. VI Título. VII. Série.

                                  CDD — 658.4

Este livro é dedicado aos nossos alunos, com quem muito temos aprendido nas ricas experiências vivenciadas em sala de aula, e aos nossos colegas professores, que conosco dividem os desafios e conquistas desse fascinante ofício docente.

Sumário

Apresentação 9

Introdução 13

1 | Contextualização dos modelos de gestão 17
    Conceito de modelo de gestão e sua importância: forma e função 18
    A contribuição das escolas administrativas: uma abordagem sociopolítico-econômica 24
    Modelos de gestão e singularidade organizacional: moldes, modismos e rupturas 29
    Bases filosóficas e contexto histórico dos primeiros modelos de gestão 33
    Bases filosóficas dos modelos de gestão da abordagem humanista 40

2 | Abordagem estrutural 45
    Abordagem mecânica da administração 46

A burocracia e suas disfunções   65

Teoria da decisão   73

3 | **Uma abordagem humanística**   77

A experiência de Hawthorne   78

Autores de destaque na abordagem humanística   81

Contribuições contemporâneas: reflexões sobre pessoas e trabalho, pessoas e vida   94

Visão crítica da abordagem humanística   98

4 | **Abordagem integrativa**   103

Contexto e filosofia das abordagens integrativas   105

As organizações como sistemas sociotécnicos   109

As organizações como sistemas abertos   112

Teoria da contingência   121

Gestão estratégica   126

5 | **Reflexões sobre modelos em construção**   139

Teoria crítica   141

Modelo holográfico   147

Adhocracia   151

Organizações de aprendizagem   156

Teoria do caos   164

Teoria da complexidade   169

Uma nova escola: gestão libertária e economia de comunhão   172

Conclusão   177

Referências   183

Os autores   191

Apresentação

Este livro compõe as Publicações FGV Management, programa de educação continuada da Fundação Getulio Vargas (FGV). Instituição de direito privado com mais de meio século de existência, a FGV vem gerando conhecimento por meio da pesquisa, transmitindo informações e formando habilidades por meio da educação, prestando assistência técnica às organizações e contribuindo para um Brasil sustentável e competitivo no cenário internacional.

A estrutura acadêmica da FGV é composta por oito escolas e institutos: a Escola Brasileira de Administração Pública e de Empresas (Ebape), dirigida pelo professor Flavio Carvalho de Vasconcelos; a Escola de Administração de Empresas de São Paulo (Eaesp), dirigida pela professora Maria Tereza Leme Fleury; a Escola de Pós-Graduação em Economia (EPGE), dirigida pelo professor Renato Fragelli Cardoso; o Centro de Pesquisa e Documentação de História Contemporânea do Brasil (Cpdoc), dirigido pelo professor Celso Castro; a Escola de Direito de São Paulo (Direito GV), dirigida pelo professor Ary

Oswaldo Mattos Filho; a Escola de Direito do Rio de Janeiro (Direito Rio), dirigida pelo professor Joaquim Falcão; a Escola de Economia de São Paulo (Eesp), dirigida pelo professor Yoshiaki Nakano; o Instituto Brasileiro de Economia (Ibre), dirigido pelo professor Luiz Guilherme Schymura de Oliveira. São diversas unidades com a marca FGV, trabalhando com a mesma filosofia: gerar e disseminar o conhecimento pelo país.

Dentro de suas áreas específicas de conhecimento, cada escola é responsável pela criação e elaboração dos cursos oferecidos pelo Instituto de Desenvolvimento Educacional (IDE), criado em 2003 com o objetivo de coordenar e gerenciar uma rede de distribuição única para os produtos e serviços educacionais produzidos pela FGV, por meio de suas escolas. Dirigido pelo professor Clovis de Faro e contando com a direção acadêmica do professor Carlos Osmar Bertero, o IDE engloba o programa FGV Management e sua rede conveniada, distribuída em todo o país (ver www.fgv.br/fgvmanagement), o programa de ensino a distância FGV Online (ver www.fgv.br/fgvonline), a Central de Qualidade e Inteligência de Negócios e o Programa de Cursos In Company. Por meio de seus programas, o IDE desenvolve soluções em educação presencial e a distância e em treinamento corporativo customizado, prestando apoio efetivo à rede FGV, de acordo com os padrões de excelência da instituição.

Este livro representa mais um esforço da FGV em socializar seu aprendizado e suas conquistas. Ele é escrito por professores do FGV Management, profissionais de reconhecida competência acadêmica e prática, o que torna possível atender às demandas do mercado, tendo como suporte sólida fundamentação teórica.

A FGV espera, com mais essa iniciativa, oferecer a estudantes, gestores, técnicos — a todos, enfim, que têm internalizado o conceito de educação continuada, tão relevante nesta era do conhecimento — insumos que, agregados às suas práticas, possam contribuir para sua especialização, atualização e aperfeiçoamento.

Clovis de Faro
Diretor do Instituto de Desenvolvimento Educacional

Ricardo Spinelli de Carvalho
Diretor Executivo do FGV Management

Sylvia Constant Vergara
Coordenadora das Publicações FGV Management

Introdução

Vivemos em uma sociedade estruturada em torno de organizações. O bom funcionamento de empresas, instituições públicas, escolas e hospitais é fundamental para que possamos ter maior qualidade de vida e alcançar níveis mais elevados de desenvolvimento humano, econômico e cultural. Por isso, muitos esforços foram desenvolvidos na busca de modelos de gestão que se revelem mais adequados às necessidades inerentes à gestão organizacional.

Inquietante, porém, é o que se pode observar no início deste novo milênio, mormente no fim de 2008 e começo de 2009, quando empresas multinacionais e nacionais consideradas modelares em termos de funcionamento eficiente faliram, desmoronaram e se transformaram rapidamente em carcaças que passarão à história como exemplos de contradição, incerteza quanto ao futuro, insegurança organizacional e humana e falência múltipla de tudo que sempre se considerou competente, funcional, inquestionável, teórica e politicamente correto.

Há de se buscar explicações para essa visão perturbadora do mundo. Muito já se tem escrito sobre os acontecimentos que arrastam todos e tudo para um torvelinho do qual, aparentemente, não se pode fugir, já que os modelos até agora considerados conducentes ao êxito, pelo menos se pensarmos na área de gestão organizacional, apresentam-se frágeis e em escombros.

Desenvolvimento e inovação tecnológica superam em ritmo alucinante a própria capacidade humana de absorvê-los plenamente. Os instrumentos administrativos e de gestão se requintam. Os modelos de gestão incorporam variáveis abrangentes e universais. Tudo desequilibra, se transformando em cacos.

Essa descrição não quer ser pessimista ou derrotista, porque há algo que se vislumbra como capaz de reerguer o que já se demoliu por si mesmo. Essa alguma coisa se verbaliza de forma simples, embora de extrema complexidade em sua natureza. É fundamental reconstruir e garantir valores éticos no trato cotidiano com pessoas, recursos em geral e coisas.

Há de se preservar valores além do individual: o coletivo, o cooperativo e o solidário têm de emergir no dia a dia. É preciso o olhar, e são necessários esforços dirigidos à reconstrução de valores humanos e societários.

Assim, modelos de gestão persistentes no tradicionalismo, mesmo com a incorporação de ingredientes modernizantes, mas afastados da ética e da moral como valores a serem resguardados em extensão e profundidade, estarão fadados ao extermínio e à implosão de si mesmos e de nada servirão a gestores responsáveis e competentes. Os chamados "modelos em construção" que destacamos no último capítulo ajudam a denunciar as fraquezas e limitações que, por vezes, se escondem atrás dos modelos de gestão tradicionais.

O texto foi escrito procurando conciliar uma visão introdutória aos assuntos tratados, acessível para aqueles que não possuem formação na área de administração, com uma abordagem crítica e fundamentada. Esperamos, assim, que este livro seja útil a todos os que desejam se iniciar no estudo dos modelos de gestão, bem como aos que, já possuindo formação acadêmica e experiência prática na área, pretendem ampliar sua base teórica e visão acerca dos fenômenos típicos das organizações de trabalho.

Para alcançar os objetivos propostos, o livro está estruturado da forma descrita a seguir.

O capítulo 1 — Contextualização dos modelos de gestão — apresenta uma breve análise da contribuição das diferentes escolas administrativas, com base em uma abordagem sociopolítico-econômica, apresentando ainda as bases filosóficas e o contexto histórico em que surgiram os primeiros modelos de gestão sistematicamente formulados.

O capítulo 2 — Abordagem estrutural — destaca os principais modelos de gestão que foram formulados com base em uma perspectiva mecânica e determinística, resumindo a contribuição de alguns dos pioneiros do estudo da administração, as propostas e disfunções do modelo burocrático e as limitações das teorias de decisão impregnadas da pretensão de controle e previsibilidade, típica dessa abordagem.

O capítulo 3 — Uma abordagem humanística — apresenta um resumo de diversos estudiosos que procuraram analisar as questões envolvidas na gestão organizacional com base em uma perspectiva mais humanizada, buscando superar as limitações dos primeiros modelos de gestão, nos quais o ser humano era visto apenas como insumo do processo produtivo.

O capítulo 4 — Abordagem integrativa — analisa as primeiras contribuições da teoria administrativa voltadas para o estudo das questões complexas envolvidas nos processos de mudança e transformação que dominaram o cenário organizacional a partir da segunda metade do século passado, com destaque para as teorias sistêmica e contingencial e para as propostas de gestão estratégica.

O capítulo 5 — Reflexões sobre modelos em construção — aborda algumas contribuições teóricas mais recentes e ainda pouco incorporadas aos modelos de gestão praticados pela maioria das organizações. O estudo dessas teorias pode contribuir para a percepção das fraquezas e limitações que, por vezes, se escondem atrás dos modelos de gestão tradicionais.

Ao término do livro esperamos que você, leitor, tenha adquirido informações sobre as principais perspectivas do pensamento administrativo e desenvolvido uma visão mais apurada dos desafios enfrentados na gestão contemporânea, de modo a posicionar-se criticamente em relação aos modelos de gestão adotados pelas organizações. Esperamos, também, contribuir para a melhor compreensão das forças e limitações dos diversos modelos de gestão, possibilitando a aquisição de uma visão mais clara a respeito da forma como têm sido gerenciadas nossas organizações. Desejamos que sejam descortinados novos horizontes para gestores compromissados com a evolução e a mudança organizacional, que devem vir sempre pautadas não apenas em indicadores de eficiência e eficácia, mas também em valores ética e socialmente sustentáveis.

Boa leitura!

1

Contextualização dos modelos de gestão

Neste primeiro capítulo, apresentamos o conceito de modelos de gestão, suas diferentes perspectivas de construção e os impactos trazidos para as organizações, os indivíduos que nelas trabalham e a sociedade.

Iniciamos com uma reflexão sobre duas dimensões que se encontram presentes em qualquer modelo de gestão: a forma e a função, entendidas, respectivamente, como a configuração organizacional adotada e as tarefas que precisam ser cumpridas. Assim, a ênfase das teorias administrativas tem se deslocado, ao longo do tempo, da forma para a função, alterando significativamente o modo pelo qual os modelos de gestão são criados e aplicados.

Em seguida, apresentamos uma breve análise da contribuição das diferentes escolas administrativas, com base em uma abordagem sociopolítico-econômica. Um dos pressupostos da abordagem que desenvolvemos é que somente com a adoção de uma visão contextualizada é possível o alcance de um entendimento mais efetivo das diferentes propostas teóricas.

Depois, buscamos demonstrar que a singularidade existente nas organizações impede que qualquer modelo de gestão, por mais eficaz que possa parecer, seja considerado ideal. A adequação dos modelos às características próprias de cada organização é primordial para o sucesso da gestão.

No último item do capítulo, discorremos brevemente sobre as bases filosóficas e o contexto histórico em que surgiram os primeiros modelos de gestão sistematicamente formulados. O pensamento de cientistas e filósofos como René Descartes, Francis Bacon e Isaac Newton teve uma importância capital na formação da cultura social na qual floresceram as primeiras teorias administrativas.

Ao final deste capítulo, esperamos que você, leitor, compreenda:

❑ a interdependência das variáveis e a necessidade de coerência e compatibilidade com a natureza da tarefa da organização;
❑ a evolução das escolas administrativas dentro de um contexto social, político e econômico como forma de adequar os modelos de gestão a cada novo cenário;
❑ as bases do pensamento racionalista, que deram origem à abordagem estrutural da administração;
❑ a inexistência de modelos permanentes e de soluções universais, mas sim a combinação singular de variáveis que atendam às necessidades de um determinado momento e contexto organizacional;
❑ os limites da modelagem organizacional ante contextos organizacionais cada vez mais dinâmicos.

Conceito de modelo de gestão e sua importância: forma e função

A palavra modelo, derivada do latim *modulus*, conduz a molde, forma, e, embora utilizada em diferentes contextos e significados diferenciados, implica de algum modo a ideia de organização e ordenamento de partes que compõem um conjunto. Assim, em linguagem simples e sem sofisticação científica, podemos definir modelo como aquilo que serve de exemplo ou norma em determinada situação.

Observe, leitor, como você já se terá apropriado do vocábulo em diversos momentos de sua vida. Modelos familiares a serem copiados, professores que serviram de exemplo para seu desenvolvimento pessoal e profissional, colegas e amigos modelares, pessoas que, com maior ou menor intensidade, serviram e ainda servem de modelo em sua trajetória passada, presente e futura. Na verdade, em tudo o que fazemos seguimos modelos, ainda que, muitas vezes, o façamos de forma inconsciente.

Na cópia e reprodução desses modelos, predomina sempre a forma pela qual os atores agiram em determinadas situações. De modo geral, o olhar recai sobre o como, o mais facilmente observável, e não sobre o porquê ou o para que, já que respostas a essas duas interrogações não se encontram pelo simples olhar ou observação direta. Requerem, antes, uma investigação mais profunda.

A palavra e o conceito de modelo impregnam as relações humanas e sociais que estabelecemos com outras pessoas. A existência de um modelo indica a predominância da forma sobre os desejos, intenções, motivos, funções e objetivos, os quais tendem a ficar subordinados à modelagem adotada.

Acontece o mesmo na área de gestão, em que não se pode fugir da visão tradicional de que gerir significa organizar e modelar, por meio de instrumentos e técnicas adequados, os recursos financeiros e materiais da organização e até mesmo as pessoas que a compõem.

Essa é a visão instrumental de gestão. Prioriza-se nela a forma, e não a função. Sobrepõem-se normas e procedimentos a objetivos. O adjetivo supera o substantivo. Aqui também se dá maior importância ao como, e não à missão da organização e à qualidade de bens que lança no mercado ou serviços que presta a cidadãos e comunidades.

Assim, os modelos de gestão englobam forma e função. É imperioso, porém, distinguir uma da outra, porque a tendência é pensar-se em modelo como forma, algo estático, determinante de comportamentos que dele não podem desviar-se.

Nota-se uma evolução, ao longo do tempo, da forma como percebemos as organizações. Em decorrência, evoluem também os modelos de gestão. Assim, contrapondo-se à visão chamada mecanicista, com ênfase na forma em detrimento da função, surgiu outra: orgânica, viva, muito mais complexa, porque paradoxal, ambígua e contraditória.

Neste livro, que aborda a evolução do pensamento administrativo, optamos por agrupar os modelos de gestão utilizados nas organizações em três grandes categorias: perspectiva estrutural, perspectiva humanística e perspectiva integrativa.

Neste momento, não cabem descrição e explicação das escolas constituintes de cada uma dessas perspectivas, o que será apresentado nos próximos capítulos. Queremos deixar claro que, na perspectiva estrutural, a ênfase reside na forma. O mesmo acontece na perspectiva humanística, embora aí já se possa vislumbrar o deslocamento de ênfase para função. No entanto, só na perspectiva integrativa a preocupação dominante passa a ser com a função, e não com a forma.

Como a função é a preocupação dominante das organizações nos dias de hoje — tendo em vista a existência de ambiente extremamente instável, devido à abertura dos mercados, à concorrência global e ao rápido avanço das tecnologias e, consequentemente, da informação —, observamos que os modelos de gestão são modelos cada vez mais integrativos. Eles abrangem as diversas dimensões estudadas pelas escolas administrativas no esforço de desenvolverem práticas de modelagem organizacional. Em decorrência, as principais variáveis organizacionais revelam-se intimamente interdependentes.

É preciso que os modelos de gestão facilitem o alcance de níveis elevados de eficiência, eficácia e efetividade, três indicadores diferentes e complementares que podem ser utilizados na avaliação de um modelo de gestão. Ser eficiente significa desempenhar tarefas de maneira racional, otimizando a relação dos recursos despendidos com os resultados alcançados e obedecendo às normas e aos regulamentos aplicáveis. Uma atividade eficiente é, portanto, aquela que é bem-feita. A eficácia está relacionada ao alcance dos objetivos adotados pela organização. Uma tarefa é considerada eficaz quando produz resultados relevantes, tendo como parâmetros os planos estabelecidos. O conceito de efetividade tem sido utilizado com diferentes significados por diversos autores. Adotaremos aqui o proposto por Motta (1972), que tem foco na contribuição proporcionada à sociedade. Além de manter sistemas produtivos eficientes e eficazes, as organizações precisam revelar-se socialmente responsáveis para alcançar sustentabilidade a médio e longo prazos.

Para que se possa alcançar eficiência, eficácia e efetividade organizacional, é indispensável a manutenção de coerência e compatibilidade na modelagem das diversas variáveis organizacionais. As escolhas das variáveis devem atender a critérios de sua adequação à tarefa/função da organização. Fica clara, assim, a necessidade de adequação do modelo organizacional conforme a natureza da organização e sua relação com o ambiente.

A maior adequação dos modelos mecanicistas ou dos orgânicos depende das características de certeza, estabilidade e previsibilidade que a organização mantém com seu ambiente. Quando predominam a incerteza, a instabilidade e a imprevisibilidade, revela-se mais recomendável a adoção de modelos predominantemente orgânicos.

Por isso mesmo, os modelos úteis à compreensão das organizações não poderão descrevê-las e explicá-las em sua complexidade, em virtude das inúmeras variáveis que necessitam ser levadas em consideração. O modelo proposto por Galbraith

Figura 1
DIMENSÕES ORGANIZACIONAIS

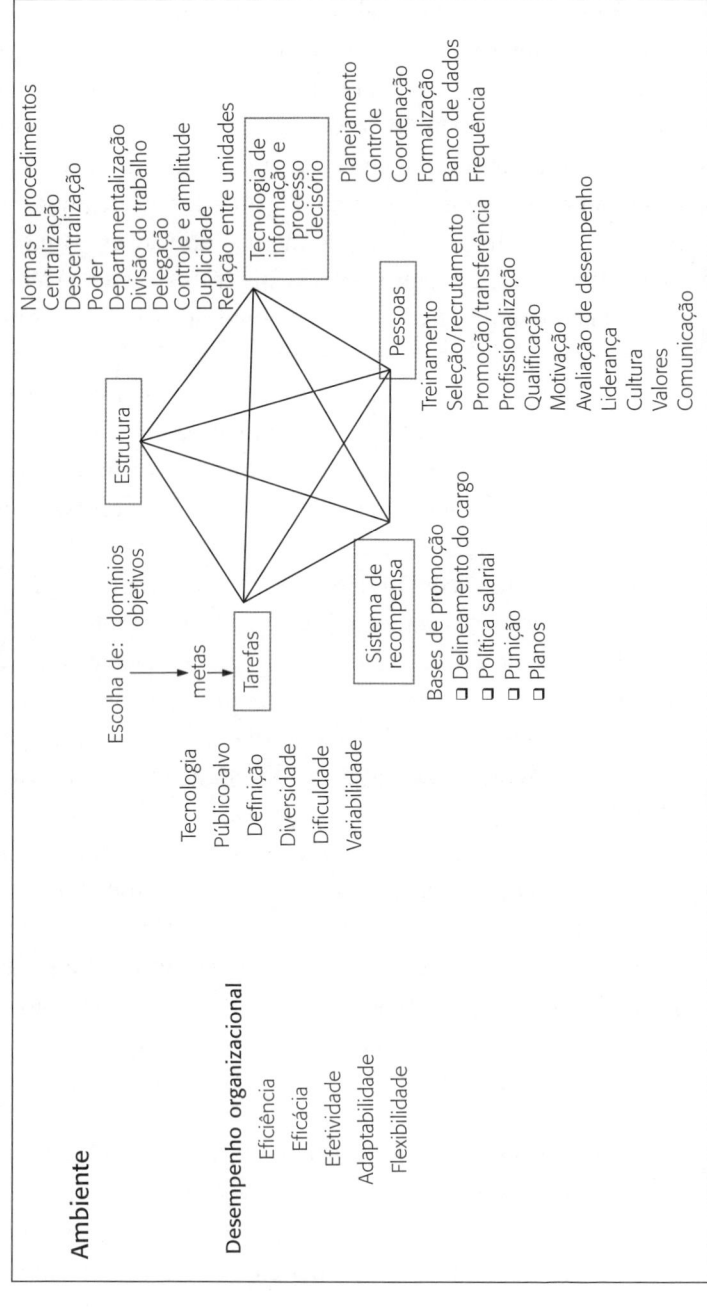

(2001), reproduzido na figura 1, representa uma das mais tradicionais contribuições para o entendimento dessa complexidade. Como podemos perceber na figura 1, são múltiplas as dimensões que precisam ser consideradas no delineamento de um modelo de gestão que se revele adequado a uma determinada organização. Cada item que compõe as dimensões apresentadas pode assumir características diversas, requerendo medidas distintas para que funcione a contento. Isso sem falar no ambiente externo, que também apresenta grande variabilidade em fatores como: época, local, mercado, público-alvo, tecnologias aplicáveis, comportamentos dos clientes, concorrentes, fornecedores e parceiros, entre outros. É fundamental que as medidas adotadas e as características assumidas pelos modelos de gestão guardem o chamado alinhamento sistêmico. Ou seja, é preciso que exista coerência entre as ações e decisões tomadas, de modo que sejam compatíveis com a filosofia de gestão adotada e que não se contradigam entre si. Um arranjo organizacional que se revela excelente em um determinado contexto pode ser desastroso quando aplicado em situações distintas.

Essa necessidade de adequação dos modelos de gestão às características de cada situação somente foi incorporada pelas teorias administrativas nas contribuições mais recentes. Assim, como veremos nos próximos capítulos, as primeiras abordagens são extremamente prescritivas, desconsiderando os fatores circunstanciais envolvidos na gestão organizacional, como se a administração fosse uma ciência exata, com resultados previsíveis e condições de aplicação controláveis.

Apresentamos, a seguir, uma introdução ao estudo da evolução do pensamento administrativo, utilizando uma abordagem político-econômica. Essa introdução pretende facilitar a leitura e o entendimento dos próximos capítulos.

A contribuição das escolas administrativas: uma abordagem sociopolítico-econômica

Pensemos juntos agora em como o conhecimento, em qualquer área, se constrói e reconstrói por meio de métodos de pesquisa em que se busca a coerência entre teoria e prática. Esse processo de criação e recriação, por ser processo, é altamente dinâmico, conduzindo à acumulação de novos conhecimentos e, não raramente, à desconstrução de alguns, com algumas rupturas que se revelam difíceis de serem aceitas de imediato. Nada ocorre, porém, por acaso. A história da evolução das ciências nos demonstra a conexão entre novas descobertas e o contexto sociopolítico-econômico em que ocorreram.

Antes de prosseguirmos, convém relembrar o significado dessas dimensões interdependentes do contexto, a fim de melhor refletirmos sobre a contribuição das escolas administrativas para o encaminhamento de soluções alternativas aos desafios que todas as organizações enfrentam no século XXI.

Inerente à política é o exercício do poder. Indivíduos, grupos, organizações e nações distinguem-se por deter maiores ou menores parcelas de poder. Em visão geopolítica, sempre houve países hegemônicos com poder sobre outros. A história já nos mostrou a ascensão e também a queda de grandes impérios, fortes, poderosos e ambiciosos. Imperialismo e dominação integram as preocupações de estadistas e governantes. Guardadas as devidas proporções, essas preocupações também nos afetam, como indivíduos e profissionais, nas organizações em que atuamos.

A dimensão social refere-se ao conjunto de questões, associadas ao político e ao econômico, que dizem respeito à organização das classes. Nela está contemplado o aperfeiçoamento das relações sociais e, consequentemente, o bem-estar dos cidadãos.

A dimensão econômica privilegia a satisfação das necessidades humanas de ordem material. As ações humanas condicionam-se em grande parte pelos recursos econômicos caracterizados por sua escassez. Há até quem sustente que os fatores econômicos, principalmente o modo de produção das riquezas, determinam de modo geral os processos sociais e políticos da vida humana.

A evolução do pensamento administrativo explica-se se atentarmos, caro leitor, para o contexto, nas dimensões anteriormente descritas. As várias escolas administrativas, aqui categorizadas nas perspectivas estrutural, humanística e integrativa, não brotaram de inspiração repentina. Resultaram, antes, de interesses políticos, da busca de satisfação de necessidades humanas e da pressão exercida pelos fatores econômicos.

Convidamos você, caro leitor, a repassarmos juntos essa evolução. Para que alcancemos êxito nesse propósito, devemos adotar uma posição crítica, sem a qual nossa leitura ficaria superficial e de pouca utilidade. Precisamos também abandonar qualquer intenção de esgotar as contribuições das escolas estudadas, as quais são muito mais complexas e amplas do que poderíamos alcançar nesta obra. Procuraremos, sim, abordar as principais contribuições do pensamento administrativo, destacando que cada uma delas surgiu atrelada a um determinado contexto, a fim de solucionar problemas e atender a demandas individuais, organizacionais e sociais próprias de cada época.

A ligação das propostas adotadas pelos estudiosos com o contexto social, econômico, político e cultural se faz perceber desde a criação da ciência de administração. O movimento de administração científica decorreu da preocupação lógica com a descoberta de modos ou formas asseguradoras da produtividade. Daí a costumeira associação desse movimento à visão de que todas as variáveis organizacionais por si mesmas e mecanicamente compreendidas se orientariam para produzir bens de consumo. A visão instrumental predominava. Por isso é que a escola de administração científica reflete, entre todas as demais, a intensidade da perspectiva estrutural, atendendo às condições sociopolítico-econômicas do momento.

Do início do século XX até o começo do século XXI, o pensamento administrativo evoluiu paulatinamente da preocupação única e exclusiva com os instrumentos de gestão para a observação de que os instrumentos têm de ser servos, e não senhores.

Essa nova visão também resultou, em certo momento, da busca de respostas para novos desafios. Por isso preocupações com o bem-estar social e do ser humano em geral fizeram brotar novas ideias nos campos político, social e econômico. Entre elas, a escola de relações humanas caracteriza nitidamente a perspectiva humanística nos estudos organizacionais.

Ao final do século passado, embora as dimensões características de toda organização humana contemplassem as mesmas variáveis, a forma de visualizá-las modernizou-se. Um exemplo dessa mudança é encontrado no modelo proposto por Galbraith (2001), reproduzido na figura 2. Comparando-o com o antigo modelo do mesmo autor, apresentado na figura 1, você pode constatar, caro leitor, como se faz necessária uma análise mais abrangente das dimensões organizacionais.

Figura 2

DIMENSÕES ORGANIZACIONAIS: A NOVA LÓGICA DAS ORGANIZAÇÕES

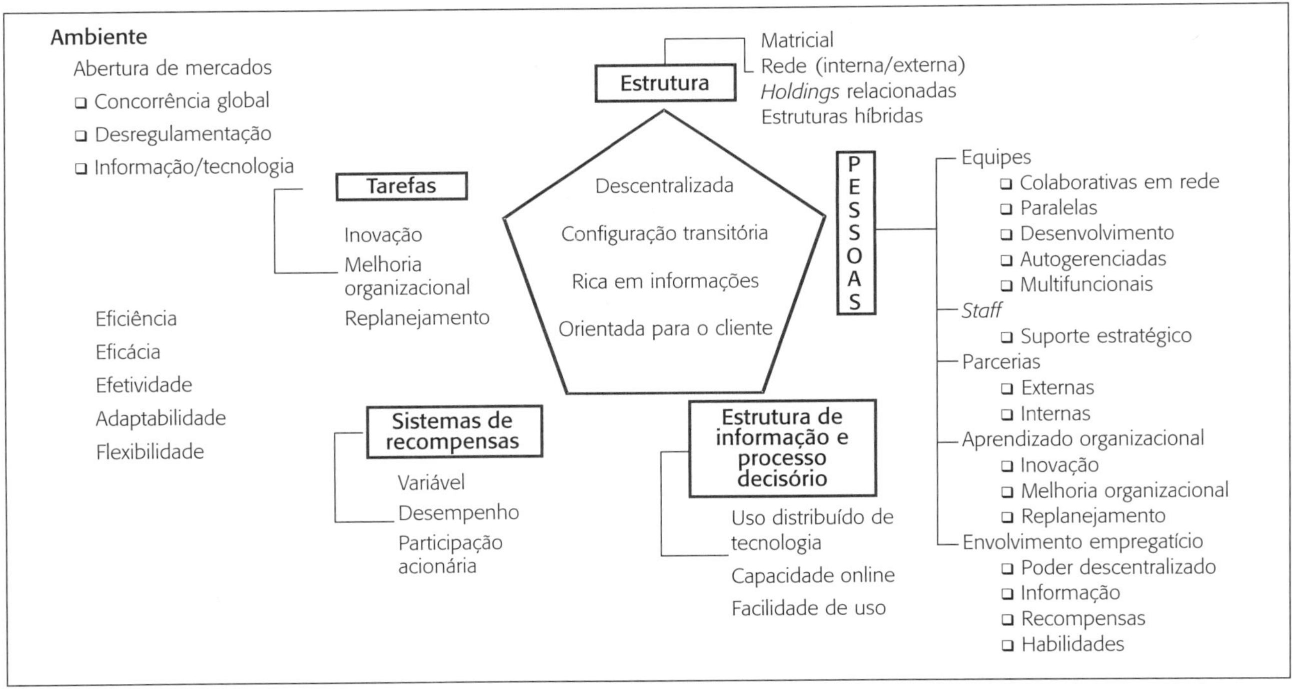

Ambiente
Abertura de mercados
- Concorrência global
- Desregulamentação
- Informação/tecnologia

Estrutura
- Matricial
- Rede (interna/externa)
- *Holdings* relacionadas
- Estruturas híbridas

PESSOAS

- Equipes
  - Colaborativas em rede
  - Paralelas
  - Desenvolvimento
  - Autogerenciadas
  - Multifuncionais
- *Staff*
  - Suporte estratégico
- Parcerias
  - Externas
  - Internas
- Aprendizado organizacional
  - Inovação
  - Melhoria organizacional
  - Replanejamento
- Envolvimento empregatício
  - Poder descentralizado
  - Informação
  - Recompensas
  - Habilidades

Estrutura:
- Descentralizada
- Configuração transitória
- Rica em informações
- Orientada para o cliente

Tarefas
- Inovação
- Melhoria organizacional
- Replanejamento

Estrutura de informação e processo decisório
- Uso distribuído de tecnologia
- Capacidade online
- Facilidade de uso

Sistemas de recompensas
- Variável
- Desempenho
- Participação acionária

Eficiência
Eficácia
Efetividade
Adaptabilidade
Flexibilidade

Fonte: Adaptada de Galbraith et al. (1995).

MODELOS DE GESTÃO

27

Embora já haja, em alguns meios acadêmicos, conscientização da importância dos novos paradigmas, as práticas diuturnas da gestão ainda se sustentam em sua vertente tradicional, em que o burocrático emperra o alcance dos fins, o legal predomina sobre o real, a prática se opõe ao discurso, a hierarquia vence o holístico e, principalmente, o controle sufoca a autogestão.

Dessa forma, a evolução dos estudos organizacionais apresenta a busca contínua de organizações em que o indivíduo deveria assumir o centro das preocupações das ações de seus dirigentes por meio de processos de descentralização, permitindo àquele maior participação no processo de gestão. Esse fato não decorre da simples utilização de instrumentos administrativos. Ao contrário, requer preocupação na formação de valores por meio de ações educacionais que não só permitem ambientes organizacionais onde o indivíduo pode atuar em sua plenitude, como também habilitam as organizações a contribuírem na construção de sociedades mais justas. Assim, a compreensão de como os valores individuais condicionam decisões e ações nas organizações, com base em sua construção, desconstrução e reconstrução, é de fundamental importância.

A gestão contemporânea, sem se afastar da decisão de objetivos a serem alcançados com instrumental eficiente, incorpora outras variáveis, constantemente identificadas por vários autores como fundamentais para a compreensão do cotidiano organizacional, tais como: estilos de liderança (Mintzberg, 1995; Cavalcanti, 2004), desenvolvimento de equipes (Moscovici, 1995), processo decisório (Pereira e Fonseca, 1997), poder, processos de mudança (Motta, 2001), planejamento estratégico (Ansoff, 1977), valores (Rescher, 1969), ambiência (Lawrence e Lorsche, 1967), além de outros. A contribuição desses autores se enquadra na perspectiva integrativa das organizações, conforme apresentamos no capítulo relativo ao tema.

Esse conceito amplo, abrangente e integrativo de gestão permite a estudiosos e gestores a aquisição de uma visão mais integrada das organizações como espaços em que o processo administrativo se instala. Essa visão é elástica e pode estender-se para fora da organização. Esse tipo de visão opõe-se àquelas marcadas pelo determinismo, encontradas em diversos modismos gerenciais, que desconsideram a singularidade de cada organização, conforme destacamos na próxima seção.

Modelos de gestão e singularidade organizacional: moldes, modismos e rupturas

Alguns conceitos têm surgido na área de gestão. Lembremo-nos, por exemplo, da administração por objetivos, reengenharia, círculos de qualidade. Também ainda se ouvem expressões como "vestir a camisa da empresa", "buscar o homem certo para o lugar certo", "obter resultados a qualquer custo", além de outras.

Essas expressões revelam a busca de moldes universais. Da mesma forma, elas nada mais significam do que modismos, atrelados à negação da singularidade de cada organização em face das pessoas que a integram e do ambiente com que ela estabelece transações. No entanto, é importante compreender-se melhor o fenômeno da singularidade organizacional.

Para tanto, partimos do pressuposto de que as organizações existem para que tarefas sejam distribuídas e executadas. As tarefas, em última análise, são distribuídas e executadas por pessoas. Essas pessoas levam consigo, para onde forem, sua escala social e ética de valores. Compreender como os valores inerentes a cada pessoa interagem na organização, e de que forma são construídos e reconstruídos com base na interação com os valores de outrem e daqueles que gerenciam a organização, pode ser da maior relevância no processo de condução das organizações em direção à realização de seus objetivos.

Definimos como valor organizacional algo singular, que distingue determinada organização de todas as outras e faz com que seja entendida como tal pela multiplicidade de percepções que sua singularidade agrega.

Para chegarmos ao entendimento dessa singularidade organizacional, devemos considerar a forma como os valores individuais são construídos e reconstruídos e de que maneira interagem no contato com outros valores para, depois, levarmos esse processo de entendimento para o plano das organizações.

Os valores individuais podem ser divididos em duas vertentes. A primeira refere-se aos valores que nascem com os indivíduos, os quais representam a herança genética dos antepassados, sendo gravados no código genético. A segunda diz respeito aos valores adquiridos ao longo da vida, por meio da educação, seja ela formal ou informal, e da maneira como o mundo é percebido. A interação dos valores genéticos com os valores adquiridos e percebidos forma o cadinho da construção e reconstrução dos valores individuais.

Os valores individuais, fruto dessa construção/reconstrução, formarão a base de ação comportamental para que os indivíduos busquem realizar seus anseios e aspirações na construção da vida. Portanto, entender as ações das pessoas é procurar entender, antes de tudo, os valores individuais externalizados por meio da ação de construção do mundo. Esse entendimento inclui não só a compreensão da realidade presente, como também do passado. Deve-se considerar que o passado, a tradição da raça e do povo, vive nas ideologias de cada indivíduo e só lentamente cede às influências do presente, no sentido de novas mudanças.

Ao chamarmos sua atenção para o processo de construção e reconstrução de valores, instigando-o à reflexão sobre o conceito de singularidade organizacional, fugimos a modismos e à preocupação dominante com a forma de modelos de gestão impermeáveis a rupturas paradigmáticas.

A singularidade aparece onipresente e onipotente no sentido de que cada ser vivo, cada objeto e cada visão de mundo é singular. Há convergências de ideias, afinidades de sentimentos, semelhanças entre as características humanas e as forças da denominada mãe natureza. Tudo é singular, porém. As folhas de um mesmo arbusto diferem entre si. Obras de arte copiadas revelam plágio ou fraude. Cada indivíduo é singular. Todos somos singulares. A igualdade, como valor a ser preservado e até elemento de discursos com base no ideário da Revolução Francesa, padece de críticas nessa ótica. Por serem limitados, os modelos de gestão se revelam incapazes de romper com a fragilidade, aberração e insensatez de práticas gerenciais supostamente asseguradoras de tratamento igual para o singular. Tratar cada um em sua singularidade e, mais ainda, respeitar essa singularidade são desafios que precisam ser enfrentados.

Consoante com esse raciocínio, as organizações são entes singulares, porque cada uma é única, idiossincrática e dinâmica. Atravessam ciclos singulares em seus percursos, independentemente de as condições externas serem as mesmas para todas e em meio a turbulências semelhantes que caracterizam a incerteza e insegurança do mundo de hoje.

As reações diferenciadas explicam-se pelo fenômeno da singularidade organizacional que, por sua vez, é explicado pelo processo de construção e reconstrução de valores. Esse processo, ininterrupto e universal, favorece as mudanças e inovações organizacionais. Assim, a singularidade organizacional resulta da teia que se vai construindo e reconstruindo pela interatividade entre os valores dos indivíduos que integram a organização. Os valores organizacionais constituem a abstração de que nos servimos para buscar compreender cada organização em sua singularidade. De concreto e objetivo, na essência da convergência para a singularidade, estão as pessoas com seus próprios valores. E o processo de construção e reconstrução se perpetua infinitamente.

Por tudo que vimos, a singularidade organizacional não é atingida e percebida por práticas tradicionais de planejamento estratégico, modelagem organizacional, logística, marketing e outras. Rupturas se fazem necessárias nas práticas de gestão, a fim de tornar as organizações mais eficientes, eficazes e efetivas.

Dessa forma, qualquer modelo de gestão jamais pode oferecer receitas prontas aos gestores e demais membros da organização. Isso decorre da singularidade organizacional que, por sua vez, se alicerça no processo de construção e reconstrução de valores. O entendimento desse processo implica o envolvimento em rupturas e transformações, já que ruptura se opõe à noção de continuidade.

Uma ruptura mais contundente é proposta por uma nova abordagem, que busca uma gestão libertária, inserida em uma economia de comunhão. Essa e outras contribuições inovadoras são apresentadas no capítulo 5, que trata dos modelos de gestão em construção.

Para tratarmos das rupturas e inovações mais recentemente observadas, precisamos, todavia, buscar um melhor entendimento dos primeiros modelos de gestão explicitamente formulados e difundidos, apresentados no capítulo 2. Ainda hoje, em meio às diversas inovações que são propostas pelos estudiosos e, por vezes, incorporadas por gestores organizacionais, convivemos com a base taylorista-fordista e burocrática que marca a chamada abordagem estrutural da administração.

Antes de discorrermos sobre as teorias administrativas clássicas, vamos destacar o contexto filosófico, científico e social em que elas foram formuladas, apresentando, a seguir, uma breve reflexão sobre o ambiente que marcou a chamada sociedade industrial. A despeito de vivermos hoje uma nova era, qualificada como pós-industrial, as bases de nossos modelos de gestão e do pensamento tradicional, ainda muito difundido, podem ser encontradas nos séculos anteriores.

Bases filosóficas e contexto histórico dos primeiros modelos de gestão

As primeiras teorias da administração surgiram no contexto da Segunda Revolução Industrial, ocorrida a partir de 1840. A Primeira Revolução Industrial, iniciada por volta de 1780, concentrou-se basicamente na Inglaterra, nação que reunia as condições necessárias para a eclosão desse fenômeno. Já na segunda fase, houve uma expansão por diversos outros países, impulsionada pelo aprimoramento nos meios de transporte e pela necessidade de abertura de novas frentes de investimento por parte dos capitalistas ingleses, os quais tinham acumulado um significativo capital, que já não podia ser investido apenas no país de origem. Enquanto na primeira fase observou-se a primazia do setor têxtil, pioneiro na mecanização, na segunda houve uma grande diversificação fabril, sendo rapidamente criadas e difundidas novas tecnologias produtivas. A mecanização passou a ser vista como prioritária pelas organizações e nações emergentes, em função dos expressivos resultados que proporcionava em termos de produtividade e retorno financeiro (Ferreira, Reis e Pereira, 2000).

Logo se estabeleceu um novo paradigma de qualidade, baseado no modo de produção mecânico. O conhecimento começou a ser introduzido na vida industrial, e novas técnicas de trabalho eram exigidas para fazer frente ao notável crescimento observado nas empresas e à crescente demanda dos mercados em expansão. Na verdade, as máquinas encantavam a sociedade da época, exercendo sobre as pessoas um verdadeiro fascínio, e representavam um ideal de eficiência que deveria ser imitado. Assim, os sistemas de produção eram desenvolvidos com base em uma concepção mecânica, destacando-se valores como padronização, regularidade, passividade e controle. Os próprios trabalhadores deveriam, de acordo com esse modelo, adotar padrões de produção similares aos das máquinas, incluindo a manutenção de uma postura passiva e obediente diante da autoridade de seus supervisores.

Foi no início do século XX, com a Segunda Revolução Industrial já consolidada, que se firmou o campo de conhecimento da administração e foram delineados os primeiros modelos de gestão racionalmente construídos, com o objetivo de dotar as organizações de maior eficiência produtiva. É verdade que importantes trabalhos publicados em épocas anteriores traziam lições relacionadas à gestão. Já em 1776, Adam Smith lançou as bases da divisão de trabalho, em sua obra *A riqueza das nações*. Charles Babage publicou, em 1832, outra obra pioneira, *On the economy of machinery and manufactures*, na qual apresentou métodos de racionalização da produção. Houve também experiências relevantes como a de Robert Owen, que implantou um sistema de gerência humanizada na fábrica da qual era dirigente entre 1800 e 1825. A despeito da importância desses pioneiros, foi somente a partir da obra de Taylor, cujo primeiro livro foi publicado em 1895, que se firmou o que se convencionou chamar de administração científica (Clutterbuck e Crainer, 1993; Souza e Ferreira, 2006).

Os primeiros estudiosos da administração estavam longe de ser cientistas sociais ou filósofos e não se preocuparam em defender teorias sofisticadas. Eram, na realidade, homens práticos que procuravam solucionar os problemas enfrentados nas organizações que dirigiam e que, com base nos desafios cotidianos, foram construindo os alicerces do que aqui denominamos modelo de gestão de abordagem estrutural. Nem por isso deixaram, todavia, de receber e incorporar em suas propostas a influência dos principais eruditos e filósofos que se destacaram na construção do pensamento típico da sociedade industrial. Por isso, apresentamos a seguir um breve comentário sobre a obra de três pensadores de destaque: René Descartes, Francis Bacon e Isaac Newton.

René Descartes

A abordagem estrutural caracteriza-se por adotar uma clara orientação cartesiana, recebendo, portanto, influência do pensamento de René Descartes (1596-1650). Descartes foi o filósofo que maior influência exerceu sobre o mundo moderno. Sua contribuição marcou profundamente a construção da sociedade industrial. Na essência de seu pensamento, divisamos a busca da explicação racional do mundo, procurando, por meio da lógica matemática, encontrar um entendimento dos fenômenos naturais e sociais em geral.

Descartes imaginou um sistema de pensamento que pudesse unificar o conhecimento humano, englobando a contribuição das mais diversas ciências. Tal sistema deveria ser isento de qualquer preconceito e hipótese, tendo como base única as certezas, os conhecimentos testados e comprovados. A descoberta dessa ciência universal deveria começar pela adoção de um método adequado de reflexão, o qual teria como base duas operações mentais: intuição e dedução. Por intuição, ele entendia "a concepção inequívoca de um espírito claro e formado exclusivamente pela luz da razão" e, por dedução, "a necessária inferência a partir de outros fatos tidos como certos" (Strathern, 1997:32). Dessas duas regras, derivou o que ficou conhecido como o método cartesiano.

O livro *Discurso do método*, obra mais conhecida de Descartes, exerceu grande influência sobre estudiosos das mais diversas áreas. Seu subtítulo, *Para bem conduzir a própria razão e procurar a verdade nas ciências*, revela bem a pretensão do autor em buscar a comprovação racional e científica do mundo em que vivia. Na introdução desse livro, Descartes descreveu de forma clara o método que utilizava para desenvolver seus pensamentos. Na sua concepção, partindo-se da dúvida que se tenha sobre a pertinência de alguma teoria ou prática, devem ser buscadas evidências para sua refutação ou comprovação. As operações necessárias à obtenção das evidências seriam a análise, a síntese e a verificação. Nessa obra, também encontramos a famosa afirmação "penso, logo existo", pois apenas a capacidade de pensar provaria ao próprio indivíduo sua existência, uma vez que tudo o mais poderia ser uma simples ilusão. Partindo dessa constatação, Descartes reconstruiu sobre esse fundamento (o pensamento) tudo aquilo de que duvidara (Descartes, 2005; Vergara, 2007).

A busca incessante de explicações lógicas e racionais, a aplicação da matemática e de outras ciências exatas ao estudo de questões sociais e o método de pensamento por ele descrito fizeram de Descartes uma forte influência sobre pensadores e estudiosos das mais diversas áreas. Taylor, Fayol e outros teóricos que lançaram as bases do que hoje denominamos abordagem mecânica da administração viveram em um ambiente cultural no qual o cartesianismo se fez claramente presente.

Francis Bacon

Francis Bacon (1561-1626) foi outro teórico de grande influência na construção dos paradigmas de ciência que marcaram a sociedade industrial. Em seus trabalhos, ele defendeu a experiência e o método dedutivo como únicos critérios válidos para a aceitação de qualquer conhecimento, desprezando completamente a transcendência e a razão dissociada de comprovação empírica. Bacon desenvolveu tratados críticos e metodológicos, procurando lançar as bases lógicas de uma nova ciência, uma nova filosofia, que deveria proporcionar o domínio da realidade.

Ao contrário de Descartes, que privilegiava o recolhimento enquanto pensava e escrevia, Bacon mesclou sua vida intelectual com uma turbulenta carreira política. Não conseguindo concluir se gostava mais da vida contemplativa ou da vida ativa, julgava que os estudos não podiam ser um fim em si mesmos e que o conhecimento não aplicado em ação era uma pálida vaidade acadêmica. Para ele, dedicar-se em demasia aos estudos sem aplicá-los era um sinal de indolência e afetação. Os verdadeiros sábios seriam aqueles capazes de utilizar os resultados proporcionados pelo conhecimento. Defendia, portanto, um caráter extremamente pragmático para a filosofia e a ciência (Oliveira, 2002).

Bacon reforçou a importância da utilização do método indutivo e da experimentação. Na sua concepção, a indução passa por duas operações básicas: uma negativa e outra construtiva. A negativa consiste em libertar-se dos erros comuns, gerados por tradições arraigadas na sociedade ou preconceitos de cada indivíduo. A construtiva realiza-se por meio da descoberta da verdade cientificamente comprovada.

Para determinar de um modo certo as causas e as leis dos fenômenos, Bacon propôs o seguinte método: recolha o maior número possível de exemplos em que um determinado fenômeno aparece. Em seguida, enumere os casos que mais se assemelham aos primeiros, nos quais, porém, o mesmo fenômeno não se manifesta. Registre o aumento ou a diminuição do fenômeno em questão, no mesmo objeto ou em objetos diferentes. Obtêm-se, dessa maneira, três espécies de tabelas: de presença, de ausência e de gradações (Bacon, 2000).

O rigor visto como essencial na execução dos experimentos científicos, a primazia do método indutivo, a defesa da racionalidade nos diversos aspectos da vida cotidiana e a visão de que a aplicação prática deve ser o fim de todo conhecimento são aspectos da obra de Bacon que marcaram profundamente a sociedade e influenciaram certamente os construtores da chamada abordagem científica da administração.

Isaac Newton

Físico, matemático e astrônomo inglês (1642-1727), Isaac Newton ficou conhecido pelas importantes teorias que formulou, como a lei da gravidade, a aceleração circular centrípeta e a decomposição da luz solar no espectro, sendo considerado o fundador da mecânica clássica. Destacou-se ainda por ter formulado as primeiras leis do cálculo infinitesimal e diferencial. Suas descobertas são consideradas fundamentais para o desenvolvimento que se seguiu na ciência moderna. O princípio da gravitação universal foi decisivo para a eliminação da crença, até então dominante, na dependência da ação divina para a sustentação da Terra e dos demais corpos celestes, e influenciou profundamente o pensamento filosófico do século XVIII. A comprovação de que a lei da atração dos corpos se aplicava igualmente a objetos terrestres e a corpos celestes também causou uma verdadeira revolução no pensamento de sua época. Até então, prevalecia o pensamento de que esses dois mundos, Terra e Céu, tinham natureza distinta, sendo cada um regido por um conjunto próprio de leis (Poskitt, 2003).

Sua principal obra, *Philosophiae naturalis principia mathematica* (Princípios matemáticos de filosofia natural), teve a primeira parte apresentada em 1686 à Academia Real de Ciência da Inglaterra, da qual era membro. Nela, Newton descreveu a lei da inércia, introduziu a noção de massa, relatou o princípio da igualdade entre ação e reação e as regras da aceleração central no vácuo. No ano seguinte, apresentou a segunda parte da obra, na qual delineou a hidrodinâmica, e a terceira parte, que tratou da mecânica do sistema universal, abordando o movimento dos planetas, dos cometas e das marés à luz de princípios matemáticos.

Poucos estudiosos alcançaram o reconhecimento público por ele obtido. Foi reverenciado na Inglaterra e em toda a Europa como o maior dos cientistas, sendo tratado como um verdadeiro gênio e tomado como exemplo da grandeza "moderna", contraposta à grandeza "antiga" que Aristóteles representava. Sua curiosidade intelectual foi bastante diversificada. A despeito de ter contribuído para a construção de uma visão mais racional do mundo, desmitificando fenômenos da natureza, Newton não se dedicou somente à ciência tradicional. Interessou-se também pelo estudo da teologia, da metafísica, da filosofia e até mesmo da alquimia (White, 2000).

Tentando avaliar sua carreira científica, ele disse certa vez: "Tenho a impressão de ter sido uma criança brincando à beira-mar, divertindo-me em descobrir uma pedrinha mais lisa ou uma concha mais bonita que as outras, enquanto que o imenso oceano da verdade continua misterioso diante de meus olhos" (Chiquetto, Valentim e Pagliari, 1996:25). Essa afirmação, feita quando já era idoso e alcançara a reverência da sociedade, revela sua sabedoria. Mesmo diante da ampla e valiosa contribuição que apresentara, sabia reconhecer as próprias limitações e vislumbrava o muito que havia ainda por descortinar no vasto campo do conhecimento humano.

Os avanços na ciência e no pensamento da sociedade ocidental proporcionados por Newton, bem como por Descartes e Bacon, foram fundamentais, como já realçamos, para o advento da chamada abordagem estrutural da administração, que apresentaremos no próximo capítulo.

Bases filosóficas dos modelos de gestão da abordagem humanista

Diversos filósofos participaram da formação das bases em que foram lançadas as teorias de gestão de caráter humanista, cada qual com uma contribuição peculiar e relevante. Muitos dos pensadores que formularam propostas humanistas o fizeram em reação às abordagens estruturais que marcaram a sociedade industrial. Neste livro optamos, todavia, por destacar a contribuição de Sócrates, que viveu bem antes dos pensadores que construíram a base filosófica do mecanicismo, devido à importância de seu pensamento para todos os que o sucederam.

Sócrates valorizou a descoberta do homem feita pelos sofistas,[1] orientando-a para os valores universais. Nascido em 470 ou 469 a.C., em Atenas, Grécia, filho de Sofrônico, escultor, e de Fenáreta, parteira, aprendeu a arte paterna, mas se dedicou inteiramente à meditação e ao ensino filosófico. Desempenhou alguns cargos políticos e foi sempre modelo irrepreensível de bom cidadão. Formou a sua instrução sobretudo por meio da reflexão pessoal e do contato com as pessoas mais ilustres na cidade de Péricles (Vergez e Huisman, 1980).

Absorvido pela sua vocação filosófica, Sócrates não se deixava levar por preocupações do dia a dia de sua casa nem por interesses políticos. Brigava muito com Xantipa, sua mulher, que, se não era sua melhor companhia, certamente não teve nele seu marido ideal. Conta-se que, um dia, ela reclamava com ele em altos brados enquanto Sócrates, imerso em seus pensamentos, não dava sinais de ouvi-la. Até que, em dado

---

[1] Cada um dos personagens contemporâneos de Sócrates que chamavam a si a profissão de ensinar a sabedoria e a habilidade, entre os quais se destacam Protágoras (480-410 a.C.), que afirmava ser o homem a medida de todas as coisas, e Górgias (485-380 a.C.), que atribuía grande importância à linguagem. Os sofistas desenvolveram especialmente a retórica, a eloquência e a gramática. Sobre Sócrates, ver <www.mundodosfilosofos.com.br/socrates.htm>.

momento, ela atirou-lhe a água de uma panela. Ele apenas observou: " — Depois da trovoada, vem a chuva..." (Gottlieb, 1999).

Para Sócrates, o objeto da ciência não é o sensível, o particular, o indivíduo que passa; é, isto sim, o que disto se pode depreender, o *conceito* que se generaliza e que se exprime pela definição, que se obtém por um processo dialético por ele chamado *indução* e que consiste em comparar vários indivíduos da mesma espécie, eliminar-lhes as diferenças individuais, as qualidades mutáveis, e reter-lhes o elemento comum, estável, permanente, a natureza, a essência da coisa. Por onde se vê que a indução socrática não tem o caráter demonstrativo do moderno processo lógico, que vai do fenômeno à lei, sendo mais um meio de generalização, que remonta do indivíduo à noção universal (Cornford, 1994).

Assim, quando se estudam pessoas à luz da indução socrática, buscam-se pontos comuns que nos conduzam à consciência de que existe um todo compreensível, capaz de levar ao entendimento de um padrão de comportamento e de uma certa previsibilidade.

Na exposição didática de tais ideias, Sócrates adotava sempre diálogos, manifestos de duas formas, conforme se tratava de um oponente ou de um discípulo a instruir. No primeiro caso, assumia humildemente a atitude de quem aprende, multiplicando "inocentes" questões até fazer com que a presunção do adversário lhe impusesse cair em flagrante contradição, constrangendo-o ao reconhecimento humilhante de sua ignorância. É a *ironia* socrática (Vergez e Huisman, 1980).

Quando se tratava de um discípulo (que, muitas vezes, era o próprio adversário vencido, ou convencido), Sócrates multiplicava ainda as perguntas, fazendo-as, então, com o intuito de obter, por indução dos casos particulares e concretos, um conceito, uma definição geral, uma generalização do objeto em questão. Tal processo pedagógico, em memória do ofício de sua mãe, Sócrates chamava de *maiêutica*, uma engenhosa obstetrícia do espírito, facilitadora da parturição das ideias.

"Conhece-te a ti mesmo" foi o lema em que Sócrates fundamentou toda a sua vida. O perfeito conhecimento do homem é o objetivo de todas as suas especulações, e a moral é o centro para o qual convergem todas as partes da filosofia. A psicologia serve-lhe de preâmbulo, a teodiceia[2] de estímulo à virtude e de natural complemento da ética. Assim, faz-se natural nossa presunção de que os processos administrativos atuais possam e devam pautar-se pelas mesmas linhas, em seu encalço do conhecimento e do saber.

Nos dias de hoje, quando muitas teorias de abordagem humanística têm sido difundidas, a volta às bases do conhecimento ocidental — a Grécia do século V a.C., século de Péricles — parece estar mais próxima do que nunca. Todas as modernas teorias buscam previsibilidade, produtividade, expansão de habilidades e competências, harmonia, ajustamento, satisfação pessoal, essa tal de felicidade, e assim por diante. E, certamente, o processo contínuo de aprendizagem é aquele capaz de pavimentar o caminho que chega a essas aspirações.

A abordagem humanística, nos métodos de gestão, passa continuamente pelos processos de aprendizagem e de comunicação, pela certeza de que as ideias partiram e chegaram seguras, de quem as emitiu para quem deveria recebê-las. A dialética socrática compõe uma parte essencial do que as pessoas precisam ter para que se entendam e, assim, possam produzir, dar e receber aquilo que têm de melhor.

A valorização do diálogo, a adoção, pelos dirigentes, de uma postura aberta ao aprendizado constante e a percepção da

---

[2] Termo cunhado por Leibniz para designar a doutrina que procura conciliar a bondade e a onipotência divinas com a existência do mal no mundo. Sobre a teodiceia, ver <www.leibnizbrazil.pro.br/leibniz-traducoes/teodiceia.htm>.

existência de determinados padrões de comportamento em qualquer grupo social são exemplos de ideias socráticas que foram incorporadas pelos estudos organizacionais da chamada abordagem humanística. Ainda que os autores dessa abordagem não o citem explicitamente, Sócrates influenciou de forma decisiva o pensamento de nossa civilização.

No apogeu da Revolução Industrial, abordagens filosóficas de cunho mais pragmático exerceram um grande fascínio na sociedade em geral, incluindo os estudiosos da administração, conforme exposto na seção anterior deste capítulo. Os teóricos da abordagem humana romperam, todavia, com a obsessão pelo racionalismo científico e, ao ampliar as dimensões de análise do papel do ser humano nas organizações, resgataram a base filosófica, de inspiração socrática, incorporando-a aos modelos de gestão propostos.

A clara distinção encontrada entre o pensamento socrático e o de outros pensadores como Bacon, Descartes e Newton reforça o alerta que fizemos ao longo deste capítulo: não existem modelos permanentes nem soluções universais quando se trata de construir um modelo de gestão. A evolução ocorrida ao longo do tempo nos estudos organizacionais revela a necessidade de adequação das proposições apresentadas aos diversos contextos sociais, políticos e econômicos vivenciados pelas organizações. Na base de propostas para a gestão das organizações estão, além dos fatores circunstanciais, paradigmas e linhas de pensamento que podem ser de diferentes matizes.

No próximo capítulo, estudaremos as primeiras proposições sistemáticas de modelos de gestão organizacional encontradas nos estudos organizacionais, reunidas na chamada abordagem mecânica das organizações. A contextualização histórica e filosófica que apresentamos neste capítulo deverá ajudá-lo, caro leitor, a compreender as características e limitações dessa abordagem.

2

Abordagem estrutural

Neste capítulo, apresentamos a chamada abordagem estrutural da administração, composta por um conjunto de contribuições teóricas que revelam uma visão mecanicista de mundo e uma forte influência das ideologias racionalistas que marcaram a Revolução Industrial e a sociedade dela decorrente.

Iniciamos com uma revisão da contribuição de três importantes formuladores do modelo de gestão de orientação mecânica: Taylor, Ford e Fayol. Esses autores foram pioneiros na proposição de arranjos organizacionais sistematicamente formulados, dando origem aos primeiros modelos de gestão intencionalmente orientados para fins determinados. A busca da racionalidade nos sistemas de produção levou à construção de modelos inspirados na lógica mecânica, com suas qualidades e defeitos.

Em seguida, resgatamos o sentido original da burocracia para, na sequência, destacar suas disfunções que tanto afligem as organizações contemporâneas. O modelo burocrático foi construído com base nas necessidades típicas de organizações crescentemente complexas e pretendeu proporcionar aos gestores instrumentos adequados de controle, baseados na disciplina e na previsibilidade. As disfunções que se revelaram inerentes a esse modelo se agravaram diante das características da sociedade contemporânea, fazendo com que burocracia seja hoje tomada por muitos como sinônimo de lentidão, emperramento e ineficiência.

Na última seção do capítulo, fazemos uma breve reflexão sobre a teoria da decisão, uma abordagem administrativa impregnada da pretensão de controle e previsibilidade típica da abordagem estrutural.

Ao final deste capítulo esperamos que você, leitor, compreenda:

- os princípios norteadores da abordagem mecânica da administração;
- a contribuição de Taylor, Ford e Fayol e sua aplicação nas organizações contemporâneas;
- os princípios da burocracia, suas disfunções e consequências na gestão organizacional;
- a proposta central e as limitações da teoria da decisão.

Abordagem mecânica da administração

O modelo de gestão com inspiração mecânica teve suas bases consolidadas no início do século XX, tendo se destacado como principais propositores de suas teorias Frederick Taylor, nos Estados Unidos, e Henri Fayol, na França. Outra figura de grande importância no desenvolvimento desse modelo foi Henry Ford, não tanto por teorias que tenha publicado, mas pelo sucesso que obteve em suas aplicações práticas à frente da Ford Motors Company. A contribuição desses três pioneiros da administração está resumida a seguir.

Frederick Winslow Taylor

Taylor nasceu na Filadélfia, Estados Unidos, em 1856, falecendo em 1917. Filho de uma família de classe média, recebeu uma educação fortemente puritana, uma vez que seus pais eram *quakers*. Os *quakers* são um grupo religioso que se caracteriza por extremo rigor na conduta, buscando uma vida de santidade, inspirada no cristianismo primitivo. A influência dos pais certamente contribuiu para a formação de sua personalidade, fortalecendo traços como a obstinada busca de perfeição em tudo o que fazia e o idealismo que caracterizou toda a sua vida (Clutterbuck e Crainer, 1993).

Aqueles que possuem um conhecimento mais superficial da vida e obra de Taylor podem julgar uma impropriedade sua qualificação como idealista. Muito se tem escrito e comentado sobre alguns aspectos do taylorismo que se revelam desumanos e que têm servido à exploração do capital sobre o trabalho. Acredite, porém, caro leitor, que o homem que ficou conhecido como "o pai da administração científica" desejou, acima de tudo, o bem comum e o progresso da sociedade, incluindo os trabalhadores.

Taylor acreditava que a elevação da produtividade traria amplos benefícios para todos. Os empresários seriam recompensados com o aumento da lucratividade. Aos trabalhadores, seriam pagos maiores salários e prêmios por superação de metas, além de exigir-se um esforço físico reduzido, com a racionalização dos movimentos efetuados. Os consumidores contariam com produtos melhores e mais baratos. A racionalidade científica aplicada à produção industrial seria, assim, indutora de uma vida melhor para toda a sociedade. Para ele, o alcance de maior racionalidade e eficiência na execução de tarefas poderia reduzir ou até mesmo eliminar o conflito indivíduo/organização (Caravantes, 2005).

A busca de racionalidade marcou a vida de Taylor desde a infância. Ele buscou, das mais variadas formas, a racionalização das tarefas de seu dia a dia, revelando-se obcecado pela perfeição. Os estudos que fez, procurando tornar o dia a dia mais racional, resultaram em mais de 100 invenções por ele patenteadas. Da maneira mais racional para andar, à construção de uma máquina facilitadora do sono, muitas foram as tentativas de tornar a própria vida e a dos outros mais confortável. Foi, porém, no campo da gestão industrial que ele apresentou uma contribuição ímpar (Clutterbuck e Crainer, 1993).

Em 1874, após ter se formado mecânico, Taylor iniciou sua vida profissional como aprendiz, trabalhando como operário na Enterprise Hidraulic Works, da Filadélfia. Alguns estudiosos consideram estranho esse início em cargo extremamente humilde, para alguém que vinha de uma família razoavelmente abastada. É possível que essa tenha sido uma opção pessoal, movida pelo desejo de obter um profundo aprendizado pelos detalhes do processo produtivo industrial. Essa mesma preocupação é encontrada até hoje em organizações que valorizam fortemente a carreira profissional construída a partir dos cargos mais elementares. Há casos em que ninguém ocupa um cargo gerencial sem antes ter vivenciado um período executando as tarefas mais operacionais. Anos mais tarde, em depoimento sobre essa experiência, ele teria esclarecido que considerou esse período um despertar para a "realidade e seriedade da vida". Para Taylor, as experiências acumuladas no trabalho como operário acabaram sendo extremamente úteis para o entendimento que alcançou dos detalhes do processo produtivo, o que se tornou essencial à construção de suas teorias. Em 1878, ele se transferiu para a Midvale Steel Works, companhia na qual ocupou diversos cargos administrativos, operacionais e gerenciais, tendo oportunidade para aplicar seu talento na racionalização dos processos produtivos (Souza e Ferreira, 2006).

Na Midvale, Taylor pôde observar como a aplicação de métodos racionais de trabalho poderia aumentar a produtividade. Técnicas diferentes eram utilizadas para a execução de um mesmo trabalho, sem que ficasse claro qual a mais adequada. As responsabilidades que cabiam aos empregados e aos administradores não estavam claramente definidas. Decisões administrativas eram tomadas com base em palpites. Trabalhadores eram colocados em funções para as quais não possuíam aptidões. A ineficiência observada não foi, entretanto, atribuída apenas à falta de racionalidade nos arranjos produtivos. Na sua percepção, os operários eram muito desinteressados e trabalhavam propositalmente em um ritmo mais lento, rendendo, por vezes, cerca de um terço do que poderiam alcançar. Isso ocorria porque a administração e os trabalhadores estavam em contínuo conflito, considerando-se inimigos naturais, como se qualquer ganho que pudesse ser obtido por uma das partes implicasse perda equivalente para a outra (Robins e Coulter, 1998).

Taylor verificou, na época em que foi operário, que os trabalhadores muitas vezes celebravam pactos informais para limitar a produtividade, evitando, com isso, que uma eventual elevação do volume de produção de uma pessoa implicasse a adoção de padrões mais elevados para todos os demais. Essa constatação deve ter contribuído para a forte oposição que ele e seus seguidores passaram a manifestar em relação à dimensão informal das organizações. Apenas na década de 1930, com a experiência de Hawthorne, da qual trataremos no próximo capítulo, é que foi constatada a possibilidade de que os arranjos informais entre os trabalhadores pudessem favorecer a empresa, ao invés de prejudicá-la.

Buscando construir arranjos produtivos mais eficientes, Taylor implementou uma série de novos procedimentos quando adquiriu autoridade para promover mudanças. Uma das medidas que adotou foi a distribuição de cronômetros aos chefes de turmas. A cronometragem das diversas etapas dos processos produtivos foi uma das bases para a busca de racionalização e simplificação que marcou todo o seu trabalho. Conhecidos os padrões desejáveis de desempenho, tornava-se possível a exigência de sua observância, com punição aos operários que não o alcançassem e premiação aos que conseguissem superá-lo.

Visando alcançar o máximo de eficiência, Taylor propôs aos gerentes um processo de cinco etapas (Souza e Ferreira, 2006):

- descubra cerca de 10 homens diferentes (preferivelmente em muitos locais diferentes e em diversas partes do país) que sejam especialmente hábeis na tarefa específica a ser analisada;
- estude cada série exata de operações ou movimentos elementares que cada um desses homens utiliza na realização do trabalho a ser investigado, bem como os implementos que cada um utiliza;
- estude com o auxílio de um cronômetro o tempo exigido para fazer cada um dos movimentos elementares e, a seguir, escolha a maneira mais veloz de executar cada elemento do serviço;
- elimine todos os movimentos falsos, lentos e inúteis;
- após desembaraçar-se de todos os movimentos desnecessários, reúna em uma série os melhores e mais rápidos movimentos, assim como os melhores instrumentos e ferramentas.

As experiências promovidas por Taylor na Midvale foram a base para a definição do modelo de produção que passou a defender. O primeiro livro publicado por Taylor, em 1895, foi *A piece rate system*. Nessa obra, ele procurou estudar a maximização da produtividade, com base no estudo de tempos e movimentos e na eliminação dos esforços desnecessários, resultantes de movimentos mal planejados. Defendeu, também, a premiação dos operários que alcançassem uma produtividade superior. Em 1903, lançou *Shop management*. As principais ideias por ele defendidas nessa obra foram (Maximiano, 2005; Silva, 1987):

- o objetivo de uma boa administração era pagar salários altos e ter baixos custos unitários de produção;
- para realizar esse objetivo, a administração tinha de aplicar métodos de pesquisa e experimento para o seu problema global, a fim de formular princípios e estabelecer processos padronizados que permitissem o controle das operações fabris;
- os empregados tinham de ser cientificamente colocados em serviços ou postos em que os materiais e as condições de trabalho fossem cientificamente selecionados, para que as normas pudessem ser cumpridas;
- os empregados deviam ser cientificamente treinados para aperfeiçoar suas aptidões e, portanto, executar um serviço ou tarefa de modo que a produção normal fosse cumprida;
- uma atmosfera de íntima e cordial cooperação teria de ser cultivada entre a administração e os trabalhadores, para garantir a continuidade desse ambiente psicológico que possibilitasse a aplicação dos outros princípios por ele mencionados.

O primeiro livro de Taylor, embora não tenha alcançado grande repercussão, revela algumas características fundamentais do seu pensamento, incluindo o idealismo ao qual nos referimos. O último ponto apresenta um dos aspectos de sua obra que tem sido esquecido por aqueles que julgam que taylorismo é sinônimo de relações frias e distantes, de patrões opressores e trabalhadores explorados.

Em 1906, Taylor foi eleito presidente da American Association of Mechanical Engineers. Nessa época, ele começou a dedicar-se mais à elaboração de proposições teóricas, culminando com a publicação, em 1911, daquele que se tornou seu livro mais conhecido: *Princípios de administração científica*. Destacam-se nessa obra os seguintes princípios, que foram incorporados por inúmeras organizações e permanecem até hoje como bases do taylorismo (Taylor, 1995):

- *princípio do planejamento* — cada tarefa deve ser planejada com base em exaustivos estudos, por parte dos dirigentes, eliminando-se os critérios subjetivos, baseados na opinião de operários e capatazes;
- *princípio da preparação* — os trabalhadores devem ser selecionados cientificamente, de acordo com as suas aptidões específicas para determinadas tarefas, e treinados para que sigam com rigor os métodos de trabalho planejados;
- *princípio do controle* — os operários devem ser rigidamente controlados, para que sigam os métodos de trabalho previamente definidos;
- *princípio da separação entre a concepção e a execução do trabalho* — a função de pensar e definir os processos de trabalho cabe unicamente à direção, ficando reservada aos trabalhadores somente a execução das tarefas, observando as regras previamente definidas.

Taylor marcou, como poucos, o pensamento administrativo do século XX, revolucionando a maneira como as empresas se organizavam. Sua contribuição persiste influenciando o sistema produtivo dos mais variados empreendimentos, desde as fábricas às cadeias de alimentação rápida, passando por lojas e escritórios. Diversas são as críticas que podem ser formuladas ao modelo de gestão derivado do taylorismo, sendo as principais apresentadas ao final deste capítulo. É certo, porém, que nossa sociedade está profundamente impregnada pelos paradigmas de racionalidade difundidos por Taylor.

Henry Ford

Henry Ford nasceu em Michigan, Estados Unidos, em 1863. Tendo vivido até 1947, foi contemporâneo de Taylor e um dos principais executivos que assumiu, na prática, os postulados do taylorismo. Na verdade, ele não só executou como também ampliou os estudos existentes sobre racionalização do trabalho. Começando sua saga de empresário praticamente do zero em 1905, alçou sua companhia, em 1920, ao posto da maior e mais lucrativa empresa industrial do mundo, com reservas de aproximadamente US$ 1 bilhão (Souza e Ferreira, 2006).

Na área de administração da produção, Ford destacou-se pela invenção da linha de montagem móvel. Sua contribuição pode ser vista como um aperfeiçoamento da proposta de divisão de tarefas, articulada por Adam Smith, em 1776, e da utilização de peças intercambiáveis, uma inovação introduzida em 1785 pela fábrica de armas de Versailles. A redução máxima do escopo das tarefas desenvolvidas pelos operários e o emprego de peças padronizadas, intercambiáveis, representaram os elementos fundamentais do modelo de produção por ele adotado (Clutterbuck e Crainer, 1993).

Ford reinventou a linha de montagem com base em observações por ele efetuadas no setor de expedição do armazém da Sears Roebuck, em Chicago. Naquela empresa, que atendia uma imensa carteira de clientes que compravam por catálogo, a expedição correta e eficiente das encomendas constituía um enorme desafio, considerando-se a notável variedade dos produtos ofertados. O processo de adaptação, à indústria automobilística, do que ele viu na Sears representa um exemplo do que hoje chamamos de *benchmarking*, ou seja, a busca do que há de melhor em uma companhia considerada referencial de qualidade em alguma atividade, para uso em outras organizações, mesmo que de atividades e setores distintos.

São estes os princípios básicos adotados por Ford, conforme por ele relatado no livro *My life and work*, publicado em Nova York, em 1923 (Maximiano, 2005):

- *princípio de intensificação* — consiste na redução do tempo de produção, com o emprego imediato das matérias-primas adquiridas e a rápida colocação dos produtos no mercado;
- *princípio de economicidade* — consiste em reduzir ao mínimo o volume de estoque da matéria-prima em transformação. Conjugando esse princípio com a aceleração do processo produtivo, Ford conseguia receber o dinheiro da venda de um carro antes de ter de pagar os salários e os materiais envolvidos;
- *princípio da produtividade* — consiste no aumento da capacidade de produção dos trabalhadores por meio da especialização e da introdução da linha de montagem, adotando-se, com isso, um trabalho ritmado, coordenado e mais econômico.

No sistema de produção de automóveis anterior à adoção do método fordista, cada trabalhador executava uma parte significativa do processo (por exemplo, a montagem do motor) e o próprio trabalhador tinha de pegar as peças no estoque. Em 1908, Ford introduziu uma primeira mudança: os trabalhadores faziam uma única tarefa, deslocando-se de um carro ao outro. Com isso, o tempo médio do ciclo de tarefas de um trabalhador passou de 5,14 para 2,3 minutos. Depois, em 1910, ele implantou a primeira fábrica dedicada à montagem final de peças produzidas em fábricas distintas, fazendo com que o tempo médio do ciclo caísse para 1,19 minuto. Em seguida, aprimorando o processo, Ford viu que os operários despendiam muito tempo com os deslocamentos pela fábrica. Idealizou, então, um sistema em que o trabalhador fica parado e o produto se desloca ao longo do percurso: a linha de montagem móvel.

Ford elevou ao mais alto grau os dois princípios fundamentais da produção em massa: fabricação de produtos não diferenciados e produção em larga escala. A opção pela padronização ficou clara no conceito de carro por ele imaginado e produzido: um modelo simples, eficiente e adaptável a todo tipo de necessidade, aos mais diversos clientes. Seu sonho era produzir um carro que pudesse ser usado por fazendeiros para ir ao mercado e, na volta, fosse usado para serrar madeira, puxar água com a bomba e acionar máquinas. Assim, seu mais famoso modelo, o Ford T, foi um carro projetado para fazendeiros, que constituíam a maior parcela do mercado consumidor. De manutenção fácil, o carro era acompanhado de um manual sobre conserto de 140 possíveis defeitos. Com base no conceito de padronização, esse mesmo carro deveria servir, porém, para as pessoas que moravam na cidade (Maximiano, 2005).

A evolução proporcionada por Ford ao processo produtivo esteve ligada não apenas à administração da produção. Seu sistema de trabalho foi, na verdade, um novo conceito de marketing. Ele partiu do pressuposto de que o problema básico do mercado automobilístico era que os compradores potenciais não possuíam dinheiro suficiente para comprar um carro, que na época custava o mesmo que uma casa própria. Tratou, então, de arrumar meios de baratear o produto, de modo que deixasse de ser acessível somente a uma minoria de abastados. Ford afirmava que nenhum custo jamais deveria ser encarado como fixo. Todos os custos deveriam ser reduzidos até o ponto em que fosse possível a maximização das vendas. A produção em massa foi o resultado, não a causa dos preços baixos (Souza e Ferreira, 2006).

Também na área de gestão com pessoas, Ford foi inovador. Para alcançar seus objetivos, ele usava a estratégia de repetir o que era considerado impossível e depois tentar realizá-lo. Quando os carros custavam ainda uma verdadeira fortuna, ele anunciava aos operários de sua fábrica que em breve todos poderiam comprar seu próprio carro. Quando a produção de cada unidade levava dias para ser concluída, lançou o desafio de produzir um carro por minuto, o que conseguiu em 1920. Era um líder extremamente carismático, que interagia de forma magistral com os empregados, transmitindo-lhes seus sonhos e conquistando adesão à busca obsessiva da realização desses sonhos. Foi, ainda, pioneiro na redução da jornada de trabalho para oito horas diárias e na adoção de uma política salarial agressiva, dobrando o salário de seus empregados (Maximiano, 2005).

Ao proporcionar aos operários a oportunidade de possuir o carro que produziam, Ford recompôs a ligação entre o trabalhador e o fruto de seu trabalho, que ficara perdida a partir do advento da Revolução Industrial, quando milhares de pessoas trabalhavam na fabricação de bens que nunca poderiam possuir. Os impactos disso sobre a motivação para o trabalho são evidentes. Essa visão de Ford representou uma revolução sem precedentes nas políticas corporativas e ajudou a criar o mercado de consumo de massa.

A despeito de seu impressionante tirocínio gerencial e de sua inestimável contribuição para o desenvolvimento das relações de trabalho e do processo fabril, Ford incorreu em alguns erros que acabaram por lhe custar caro. Ele não se preocupou em organizar a empresa como um todo, concentrando-se apenas na produção em si e no exercício da liderança sobre sua equipe. Errou, ainda, porque não investiu na diversificação desejada por muitos de seus clientes, insistindo, por exemplo, em produzir carros de uma única cor, a preta. Era, também, avesso à implantação de sistemas administrativos mais sofisticados, dizendo não acreditar em métodos de administração e sim na sua intuição. Possuía, ainda, como muitos grandes empreendedores, uma tendência à centralização, o que fazia com que não delegasse poderes (Clutterbuck e Crainer, 1993).

Faltava a Ford uma percepção mais clara da necessidade de que o modelo de gestão por ele implantado considerasse o ambiente externo à sua fábrica como uma importante fonte de influência sobre a organização. Essa deficiência, aliás, é encontrada nos diversos autores da chamada abordagem mecânica. Apenas com o advento da teoria dos sistemas, da qual trataremos no capítulo 4, é que surgiram modelos de gestão baseados na constante troca com o ambiente externo.

Devido a seus erros, a Ford entrou em crise no final da década de 1920. Alguns estudiosos afirmam que, se não fossem as expressivas encomendas de veículos militares que recebeu com a eclosão da I Guerra Mundial, a Ford teria falido. O que causou o declínio da Ford foi o mesmo que gera problemas para muitas organizações ainda hoje: a soberba proveniente do sucesso, regada pela crença de que um passado glorioso garante um futuro brilhante, independentemente dos esforços desenvolvidos pelo presente. As ideias de Ford logo foram copiadas por seus concorrentes, os quais trataram de não ficar apenas na aplicação dessas ideias, buscando novas conquistas.

A General Motors, sob o comando de Alfred Sloan, foi um exemplo de como a concorrência suplantou a até então imbatível Ford Motors. Sloan implantou um sistema de gestão que incluía medidas como a criação de divisões descentralizadas, a adoção do controle estatístico da produção, com relatórios periódicos detalhados sobre vendas, participação no mercado, lucro e outros indicadores e contratou especialistas em marketing (Maximiano, 2005).

Henri Fayol

Henri Fayol nasceu na França em 1841 e faleceu em 1925, tendo sido, portanto, contemporâneo de Taylor e de Ford. Sua contribuição apresenta semelhanças com a de Taylor em relação à base racional em que foi construída. Ele trabalhou, no entanto, com base em uma perspectiva distinta. Taylor iniciou sua vida profissional como operário, voltando-se, desde o início de seus estudos, para a busca de racionalização de processos produtivos, em especial os fabris. Fayol, por sua vez, já começou como engenheiro, dedicando-se mais à gestão global das companhias do que aos detalhes da produção, que tanto mereceram a atenção de Taylor.

A divisão do trabalho é um dos elementos comuns mais importantes entre Taylor e Fayol. Para Taylor, todavia, a divisão se processa no nível do operário, fragmentando as tarefas e responsabilidades, enquanto Fayol focou a atenção na divisão que se opera no nível dos órgãos que compõem a organização, isto é, os departamentos, divisões, seções, unidades. Fayol já foi classificado, em obras que estudam as teorias administrativas, entre os chamados "anatomistas da organização", autores que analisam as organizações como estruturas anatômicas de divisão do poder/trabalho societário.

Aos 19 anos, ele conseguiu seu primeiro emprego na empresa de mineração francesa Commentry-Fourchamboult-Decazeville, onde fez carreira até se tornar diretor-gerente, posto que ocupou por 30 anos, com notável sucesso. Quando assumiu a direção, a companhia estava passando por severas dificuldades, parecendo próximo o encerramento de suas atividades. A despeito dos problemas enfrentados, incluindo uma crescente concorrência, logo a organização prosperou notavelmente (Souza e Ferreira, 2006).

Suas teorias foram reunidas no livro *Administração industrial e geral*, publicado em 1916, pouco antes de sua aposentadoria. A obra apresentou um conjunto de teorias que já tinham sido efetivamente testadas na prática e que se mostraram bem-sucedidas. A despeito dessas qualidades, somente em 1949 saiu publicada a primeira tradução em inglês de seu livro (Clutterbuck e Crainer, 1993).

Os princípios básicos de organização formulados por Fayol foram (Fayol, 1994):

- *divisão do trabalho* — as tarefas devem ser divididas em operações mais simples, atribuindo-se a cada operário ou grupo de trabalhadores uma gama pouco variada de operações;
- *autoridade e responsabilidade* — autoridade, entendida como o poder de dar ordens, e responsabilidade, no sentido da obrigação de prestar contas, devem ser concedidas de forma simultânea e proporcional;
- *disciplina* — o comportamento dos trabalhadores deve primar por ser ordenado, seguindo as regras estabelecidas;
- *unidade de comando* — os trabalhadores devem receber ordens de um gerente somente;
- *unidade de direção* — a organização toda deve se mover em direção a um objetivo comum;
- *subordinação aos interesses gerais* — os interesses individuais devem estar subordinados aos interesses gerais da organização;
- *remuneração do pessoal* — a remuneração deve ser justa, evitando-se explorações, e deve recompensar o bom desempenho;
- *centralização* — as organizações devem ter um núcleo de comando centralizado, atuando de forma similar ao cérebro, que controla todo o organismo;
- *hierarquia (cadeia escalar)* — é a cadeia de comando ao longo da qual as ordens são dadas e a unidade de comando se desenvolve, devendo ser preservada;
- *ordem* — supõe que cada coisa deve estar no seu lugar, que o ambiente de trabalho deve ser limpo e organizado;
- *equidade* — deve ser dispensado um tratamento justo e igualitário aos empregados por parte da direção;
- *estabilidade do pessoal* — as organizações devem procurar reter seus funcionários, evitando com isso os custos dos processos seletivos e dos treinamentos de adaptação;
- *iniciativa* — os administradores devem estimular em seus liderados a iniciativa para resolver os problemas que se apresentem;
- *espírito de equipe* — deve ser cultivado o espírito do corpo, a harmonia e o entendimento entre os membros de uma organização.

Outra contribuição de Fayol que se notabilizou foi a divisão do trabalho administrativo nas seguintes operações básicas: planejamento, organização, comando, coordenação e controle. Essas operações resumiriam a tarefa administrativa, formando o famoso POCCC, que depois se transformou em PODC, quando comando e coordenação foram fundidos na função direção.

Outra proposição formulada por Fayol foi que o conjunto das operações de toda empresa econômica pode ser dividido em seis grupos, a saber (Fayol, 1994):

❑ *função técnica* — é constituída pelas atividades diretamente relacionadas com a produção de bens ou de serviços. De acordo com Fayol, o número, a variedade e a importância das operações e as circunstâncias em que são executadas dão à função técnica uma grande importância, muitas vezes em detrimento das demais atividades. Fazia-se necessário, assim, o estabelecimento de um maior equilíbrio entre essas e as outras funções;

❑ *função comercial* — envolve as atividades relacionadas com a compra, a venda e a permuta de produtos ou suprimentos. Para Fayol, saber comprar e vender é tão importante quanto saber fabricar bem. Deveria, assim, ser reconhecida a importância do conhecimento do mercado e das forças dos concorrentes, bem como dos fornecedores e das autoridades públicas relacionadas ao estabelecimento de regras comerciais;

❑ *função financeira* — é constituída pelas atividades relacionadas à captação e gestão de recursos financeiros. Fayol destaca que uma hábil gestão financeira é indispensável para o sucesso de uma empresa, pois nenhuma melhoria, nenhuma evolução seria possível sem a possibilidade de acumulação de capital ou obtenção de crédito;

- *função segurança* — envolve as atividades relacionadas à proteção do patrimônio da empresa e de seus trabalhadores, contra roubos, incêndios, inundações e acidentes, bem como contra greves e atentados;
- *função contábil* — são as atividades relacionadas com os registros contábeis e a produção de documentos como balanços e estatísticas. Segundo Fayol, a contabilidade constitui o órgão de visão das empresas. A ela cabe revelar, a qualquer momento, a posição atual e o rumo que está sendo tomado pelos negócios, por meio da prestação de informações claras, objetivas e precisas sobre a situação econômica da empresa;
- *função administrativa* — caberia a essa função a integração das outras cinco funções. Para Fayol, nenhuma das outras funções tem a incumbência de formular o programa de ação geral da empresa, de constituir o seu corpo social e coordenar os esforços das diversas áreas e setores. Essa tarefa caberia à função administrativa.

Como você pode perceber, caro leitor, os princípios defendidos por Fayol podem, em sua grande maioria, ser facilmente identificados nas organizações contemporâneas. Em seu livro *Corporate strategy*, publicado na década de 1960, Igor Ansoff qualificou Fayol como talentoso e profético, atribuindo-lhe a antecipação de grande parte das análises da prática de negócios (Ansoff, 1977). No entanto, diversos dos princípios por ele defendidos foram contestados nas décadas que se seguiram, principalmente a partir de 1990. Quando Michael Hammer e James Champy publicaram sua famosa e controvertida obra *Reengenharia*, escreveram logo no início do livro que os leitores deveriam esquecer tudo o que sabiam sobre administração porque estava tudo errado (Hammer e Champy, 1993). Longe de ser uma manifestação isolada, a pretensão desses autores foi comum a diversas pessoas que publicaram livros propondo pretensas revoluções na administração. Nessa e em outras obras do gênero, observamos, todavia, uma forte base no pensamento de Taylor e Fayol.

Pode-se dizer que Fayol criou a primeira abordagem racional para a organização de empresas. Foi também pioneiro na valorização do papel do gerenciamento, defendendo que as técnicas gerenciais são necessárias para a direção dos mais variados empreendimentos — grandes ou pequenos, industriais, comerciais, políticos e religiosos, entre outros.

Visão crítica da abordagem mecânica

Um dos pontos mais criticados nas teorias da chamada abordagem mecânica é a forma como seus autores perceberam o trabalhador. Os primeiros estudiosos da administração preocuparam-se, basicamente, com a elevação da eficiência do processo produtivo, buscando métodos de planejamento e controle da produção capazes de fazer funcionar bem a "máquina organizacional". Os trabalhadores eram vistos como um dos diversos insumos produtivos, ao lado dos equipamentos, energia e matérias-primas. O termo "mão-de-obra", ainda hoje empregado em diversas empresas, revela bem a visão limitada que essas teorias administrativas possuíam. O operário deveria, tão somente, emprestar sua força física à produção, sendo dispensáveis ou mesmo indesejáveis sua inteligência e capacidade criativa ou seus sentimentos. Taylor fazia a apologia do que ele chamou de "homem boi", o trabalhador de grande força física e disposição, totalmente submisso ao controle de seu supervisor e disposto a seguir à risca as normas e rotinas impostas pela empresa.

Veja nos itens a seguir alguns pontos que costumam ser criticados na abordagem mecânica. Perceba, caro leitor, como os problemas aqui destacados continuam a se manifestar nas organizações contemporâneas.

- *Visão mecanicista*: conforme destacado no início do capítulo, a abordagem clássica se caracteriza por um notável fascínio pelo poder produtivo das máquinas e, com base nesse encantamento, procura fazer com que toda a organização, incluindo os seus trabalhadores, seja gerenciada com base na lógica mecânica. Assim, valores como estabilidade, padronização, previsibilidade e passividade, típicos das máquinas, são artificialmente impostos aos trabalhadores, em um processo de desumanização do trabalho, com graves consequências para a saúde e o prazer laborativo dos empregados.
- *Superespecialização dos operários*: a divisão das atividades produtivas em operações simples e repetitivas foi acompanhada de uma progressiva especialização dos trabalhadores, que passaram a se ocupar de tarefas cada vez mais banais. Essa característica do processo produtivo também contribuiu para a desumanização do trabalho, uma vez que promoveu o afastamento do trabalhador da percepção do fruto de seu esforço. O artesão, trabalhador típico do período anterior à industrialização, controlava as diferentes etapas do processo produtivo e via, ao final, o resultado concreto de seu trabalho, o que contribuía para sua motivação e orgulho profissional. Já ao operário submetido à superespecialização eram confiadas apenas partes de um processo produtivo complexo, sem que ele pudesse perceber efetivamente que frutos seu esforço gerava.
- *Visão limitada do ser humano*: a abordagem mecânica partiu de uma concepção extremamente limitada do ser humano. Guiava-se pelas seguintes suposições: o trabalhador era orientado apenas por interesses financeiros; a vida pessoal do operário deveria ser totalmente isolada, de modo a não interferir no seu trabalho; o bom empregado é aquele passivo e totalmente submisso às ordens de seus superiores. Essa vi-

são, aliada à clara separação entre quem deve pensar (os chefes) e quem deve somente executar (os operários), contribui bastante para a desumanização do trabalho e a adoção de métodos de gestão de pessoas equivocados, muitos dos quais persistem até hoje em diversas organizações.

❏ *Abordagem limitada das organizações*: os teóricos da administração científica deram muito pouca ênfase aos aspectos sociais, políticos e ambientais envolvidos na gestão organizacional, tratando as empresas como se fossem ilhas, separadas da sociedade como um todo. Também deixaram de ser considerados os aspectos relacionados à dimensão informal das organizações, como os líderes e os processos de comunicação informais e a cultura organizacional.

❏ *Propostas prescritivas e generalizantes*: as formulações apresentadas pelos autores da escola clássica caracterizam-se pela pretensão de serem aplicadas como uma espécie de "receita geral para o sucesso", desconsiderando as singularidades de cada organização e a influência das contingências econômicas, sociais e políticas. Incorrem, assim, no erro que apontamos no final do capítulo 1 e que contribui para a inadequação dos modelos que apresentam à realidade das organizações nas quais são aplicados.

A despeito das críticas que podem ser levantadas, é inegável a importância da contribuição dos formuladores da chamada abordagem mecânica no desenvolvimento da sociedade industrial. Graças às técnicas de racionalização por eles desenvolvidas, foi possível à humanidade alcançar um patamar de produtividade superior e lograr notável desenvolvimento tecnológico e social. Na verdade, muitos dos produtos de que hoje dispomos em concepções modernas e preços acessíveis não existiriam, ou não estariam disponíveis para muitos, se não fossem os desdobramentos da racionalidade taylorista-fordista. A concepção fayolista de organização também teve uma importância ímpar para o desenvolvimento da administração e o alcance de modelos de gestão mais eficazes.

Longe de se tratar de teorias ultrapassadas, que fazem parte unicamente da história do pensamento administrativo, as contribuições aqui apresentadas continuam a ser largamente utilizadas em organizações as mais diversas. Os problemas e limitações que se evidenciam precisam, é certo, ser considerados, mas é inegável o sucesso que os modelos mecânicos, quando bem aplicados e com suas fraquezas minimizadas, proporcionam a muitas empresas.

Igualmente visto como ultrapassado, mas ainda hoje largamente adotado nas organizações, é o modelo burocrático, que também pode ser incluído na chamada abordagem estrutural. Na próxima seção, destacamos as origens e os conceitos fundamentais da burocracia e as disfunções por ela geradas nas organizações.

A burocracia e suas disfunções

A burocracia representa o modelo de organização social que dominou o mundo a partir do século XIX, tendo sido bem interpretada e popularizada pelo sociólogo alemão Max Weber (1864-1920). Embora seja popularmente conhecida como sinônimo de lentidão, irracionalidade e emperramento administrativo, sua origem e propósitos são bem distintos.

O advento da burocracia ocorreu com base na evolução da sociedade, com o esgotamento da forma tradicional de autoridade, na qual predominavam características patriarcais e patrimonialistas. Foi na esfera governamental que primeiro se fez necessária a adoção de um modelo de gestão mais complexo. O crescimento das nações e a complexidade adquirida pela gestão pública fizeram com que fosse impossível a continuidade da gestão tradicional, exigindo-se a criação de um novo tipo de autoridade e uma nova lógica gerencial. A criação de um quadro de funcionários públicos profissionalizados e designados para cargos nos quais o escopo de autoridade era bem definido esteve na base da construção da sociedade burocrática.

Na sociedade burocrática, passaram a predominar as normas impessoais e a racionalidade nos processos decisórios. A autoridade burocrática pode ser vista como aquela que tem como base não as qualidades pessoais do indivíduo que a exerce, como ocorre na autoridade carismática, e tampouco a crença no direito de mando, que caracteriza a autoridade tradicional. O poder detido pelos funcionários passou a ter como base o cargo, e não a pessoa que o ocupa. Estabeleceu-se, assim, uma das bases da burocracia: a capacidade de mando não pode suplantar o dever de obediência a normas e regulamentos.

Posteriormente, a gestão das organizações privadas também adquiriu maior complexidade, com o surgimento das grandes corporações. Uma empresa de pequeno porte pode ser gerenciada diretamente por seus proprietários, sem a necessidade de delegação expressiva de autoridade. No momento em que o crescimento da organização induz à contratação de um quadro de gerentes e funcionários que precisam ter maior autonomia, faz-se necessário o estabelecimento de um padrão determinado para que a delegação não leve ao enfraquecimento da capacidade de controle dos proprietários. A burocracia revelou-se, então, útil também nas organizações privadas, deixando de ser um fenômeno típico apenas da esfera pública.

No modelo burocrático, as decisões devem ser sempre tomadas com base em padrões universalistas, tendo como fundamento critérios racionais e objetivos, derivados de um corpo de conhecimentos especializados. Os detentores do poder burocrático devem ser designados de acordo com a competência e proficiência demonstradas, sendo treinados para agir no exercício de suas funções de forma eficaz e impessoal. A especialização e o treinamento profissional são vistos como indispensáveis (Blau e Scott, 1972).

No sistema capitalista, a burocracia representa, ao mesmo tempo, o modo de organização da produção nas empresas e o poder executivo no funcionamento das grandes unidades administrativas, constituindo parte integrante do Estado. Apresentando-se como uma das formas mais elaboradas de organização humana, representa um sistema no qual encontramos partes ou sessões interligadas, cada uma com uma função específica relacionada ao conjunto. Na organização burocrática, a ordem interna deve ser sempre estabelecida de acordo com critérios técnicos, privilegiando a eficiência e a qualidade. Também se caracteriza pela adoção de padrões universais para todas as suas ações, internas ou externas. As decisões devem, no modelo burocrático, ser sempre tomadas com base em um conjunto de regras definidas segundo métodos racionais de avaliação e, portanto, invariáveis de uma pessoa para a outra (Tragtenberg, 2004; Ferreira, Reis e Pereira, 2000).

Principais características da gestão burocrática

Os pressupostos fundamentais da burocracia foram posteriormente transpostos para o campo da administração, na forma de um modelo de gestão largamente adotado pelas organizações. Essa transposição ocorreu principalmente após a publicação, em 1937, da obra *The structure of social action*, de Talcott Parsons, a partir da qual tomou corpo nos Estados Unidos a teoria da burocracia em administração (Domingues, 2001).

A burocracia adaptou-se muito bem ao sistema capitalista porque se revelou capaz de atender à latente necessidade de integração e controle que caracteriza esse modo de produção.

O capitalismo fundamenta-se no trabalho coletivo, o qual exige uma divisão metódica de trabalho, separando-se nitidamente as funções de direção e de execução, o trabalho intelectual do material. O processo produtivo, uma vez transformado em processo coletivo, exige uma coordenação diretiva dos trabalhadores (Motta, 2004; Weber, 2006).

O modelo burocrático tem como objetivo básico organizar detalhadamente e dirigir rigidamente as atividades da organização, com a maior eficiência possível. Seus principais postulados são expostos a seguir (Caravantes, 2005; Etzioni, 1984; Weber, 2006).

- Separação entre propriedade e administração: no modelo burocrático, a transferência de autoridade possibilita que as organizações possam ser geridas por profissionais especializados, designados por seus proprietários.
- Caráter legal das normas e dos regulamentos: as organizações burocráticas procuram instituir normas para regulamentar cada procedimento administrativo ou operacional.
- Hierarquia da autoridade: a burocracia prevê a obediência estrita à hierarquia, devendo cada empregado limitar-se ao relacionamento com seu chefe imediato. A hierarquia e as normas representam decorrências naturais da delegação da autoridade, para que o funcionário que recebe o poder burocrático não extrapole suas competências.
- Impessoalidade nas relações: pretende que as decisões sejam tomadas de maneira impessoal, ou seja, que não existam privilégios para determinados grupos ou pessoas.
- Rotinas e procedimentos padronizados: cada tarefa deve ser rotinizada, de modo a ser executada sempre de maneira padronizada.
- Competência técnica e meritocracia: o merecimento, entendido como qualificação técnica e capacidade, deve ser a base dos sistemas de recompensa e promoção.

A burocracia firmou-se como o modelo de gestão básico da maioria das organizações do século XX, pelo fato de atender às diversas necessidades das empresas da chamada era industrial. A despeito dos problemas inerentes a esse modelo de gestão, ele aumentou a eficácia da hierarquia, reduzindo os abusos de autoridade e trazendo uma maneira mais eficiente de gerenciamento das tarefas complexas que se foram apresentando, à medida que as instituições cresciam. Criou também um sistema capaz de gerir de forma adequada a produção mecanizada, padronizada, de larga escala e com maciços investimentos financeiros que caracterizam o capitalismo industrial (Pinchot e Pinchot, 1997).

Disfunções e limitações

Apesar de pretender dotar as organizações de confiabilidade e segurança administrativa, o modelo burocrático costuma ocasionar uma série de disfunções, acabando por comprometer a eficiência, a eficácia e a efetividade da gestão. As principais disfunções observadas são as seguintes (Caravantes, 2005; Ferreira, Reis e Pereira, 2000; Souza e Ferreira, 2006):

- inflexibilidade — o excesso de normas e de padronização de rotinas, aliado à rigidez hierárquica, dificulta sobremodo a adaptação das decisões quando as circunstâncias específicas assim o recomendariam;
- visão fragmentada — o modelo burocrático não favorece a compreensão, pelos trabalhadores, da organização como um todo. Cada funcionário tem acesso a uma gama bastante restrita de informações e desempenha tarefas rigidamente limitadas. Com isso, a autorrealização tende a ficar prejudicada, devido à alienação do indivíduo da compreensão do todo no qual se insere e da percepção do resultado efetivo de seus esforços produtivos;

- excessiva concentração das decisões — a hierarquia rigorosa faz com que praticamente todas as decisões não previstas expressamente nas normas e nos regulamentos tenham de ser tomadas pela cúpula, gerando lentidão e, muitas vezes, inadequação no processo decisório;
- despersonalização do relacionamento — o modelo burocrático prevê o relacionamento entre ocupantes de cargos e não entre indivíduos, desestimulando o envolvimento pessoal dos membros da organização e as relações interpessoais e intergrupais que tendem a surgir espontaneamente em qualquer agrupamento humano;
- descomprometimento — submetidos a normas e rotinas predefinidas e não possuindo nenhuma autonomia, os funcionários tendem a não se sentir responsáveis pela qualidade dos serviços que prestam;
- formalismo excessivo — na organização burocratizada só tem valor o que é formalmente instituído, o que está explícito nas normas e nos regulamentos. Tudo o que foge às normas é desconsiderado, ainda que se revele importante ou sensato;
- substituição dos objetivos pelas normas — as normas deveriam ser tão-somente facilitadores do alcance dos objetivos organizacionais. O modelo burocrático costuma induzir, no entanto, a uma excessiva valorização dos regulamentos, tornando-os um fim em si mesmos e fazendo com que muitos funcionários passem a perseguir o rígido cumprimento das normas, em vez de focar resultados;
- supervalorização dos meios — as rotinas administrativas, tipicamente atividades-meio, tendem a ser excessivamente valorizadas neste tipo de organização;
- favorecimento à corrupção — costumam ser criadas enormes dificuldades ao atendimento das necessidades dos clientes, em função da rigidez das normas e do descomprometimento dos funcionários. Com isso, logo aparecem pessoas

desonestas que "vendem facilidades". Ou seja, a proliferação de barreiras burocráticas favorece a disseminação da corrupção;
- corporativismo — é natural que as corporações desenvolvam o chamado "espírito de corpo", unindo seus membros na busca dos interesses comuns. Quando esse processo se dá de forma exagerada, chamamos de "corporativismo". Neste caso, em vez de se voltar para o cumprimento de sua missão, a organização passa a se preocupar basicamente com seus próprios interesses. Outra manifestação comum do corporativismo é o protecionismo dos colegas, que faz com que erros ou mesmo atitudes desonestas sejam relevados.

Como vemos, os problemas que costumam ser gerados pela aplicação do modelo burocrático são bastante graves. Por isso, diversos estudiosos da administração consideram a organização burocrática inadequada diante da realidade contemporânea. Esse modelo não favorece o alcance de alguns dos principais requisitos das organizações atuais, nas quais se pede aos empregados que considerem o todo organizacional, que sejam inovadores, que se preocupem em satisfazer os clientes, que tenham iniciativa própria, que priorizem o trabalho integrado em equipes e que não se limitem ao cumprimento de ordens. Nesse contexto, a burocracia parece ser tão anacrônica quanto se tornou a servidão medieval em relação ao trabalho fabril do início da Revolução Industrial (Pinchot e Pinchot, 1997).

Outra crítica que pode ser formulada à burocracia refere-se ao papel de reprodutora do *status quo* que desempenha na sociedade. Tragtenberg (2003) afirma que a burocracia pode ser comparada a uma espécie de religião, na qual é cultuada a hierarquia, louvando-se a distribuição desigual do poder, onde poucos podem muito e muitos não têm voz. A pretensão de tudo organizar, típica da burocracia, pode ser vista como opressora e indutora de arranjos autoritários, tanto em empresas quanto em sociedades. O nazismo, uma das expressões mais conhecidas e perversas de sistemas autoritários, seria um exemplo do que a busca obsessiva de organização pode fazer. A forte ênfase no controle faz com que o modelo burocrático assuma um papel parasitário, convertendo os meios (controles) em fins e desestimulando a criatividade e a inovação, expressões maiores da liberdade (Tragtenberg, 2003).

Na área pública, a burocracia deveria representar o braço por meio do qual o Estado exerce sua ação, proporcionando uma administração competente do aparelho estatal. Ocorre muitas vezes, todavia, o fortalecimento dos grupos controladores do aparato burocrático, que adquirem capacidades de manipulação do poder, passando a buscar privilégios e a satisfação de suas próprias aspirações, em vez do serviço à cidadania. Nas organizações de trabalho pode ocorrer um fenômeno semelhante, com a apropriação de um poder excessivo por parte dos que detêm a autoridade burocrática, que passam a possuir uma condição diferenciada no âmbito corporativo (Motta, 2004).

A despeito dos problemas que apresenta, das disfunções já destacadas, é fato que a burocracia é um modelo melhor do que a desestruturação que caracteriza muitas organizações atuais, em especial as pequenas empresas familiares. Em muitos casos, tem-se uma gestão que poderíamos classificar como pré-burocrática, marcada pelo autoritarismo dos dirigentes e pela falta de mecanismos claros de regulação e controle. É certo que precisamos caminhar para modelos de gestão pós-burocráticos, mas há casos em que a incorporação dos fundamentos da burocracia pode representar um notável avanço na gestão da organização.

No capítulo 5, apresentamos algumas das propostas que têm surgido como alternativas a esse modelo. Deve ser destacado, porém, que, a despeito de todos os problemas que apresenta, a burocracia permanece sendo largamente utilizada na maioria das organizações de trabalho, em especial naquelas que possuem maior porte. Os modelos alternativos ainda se revelam incipientes e incapazes de atender a todos os tipos de organização atualmente baseados na burocracia.

A ênfase no controle, na padronização e na previsibilidade que caracteriza a burocracia também pode ser percebida nas propostas tradicionais da chamada teoria da decisão, da qual trataremos na próxima seção.

Teoria da decisão

Outra manifestação da abordagem estrutural da administração é a chamada teoria da decisão. A busca de definição de métodos estruturados, que confiram previsibilidade ao processo decisório, parte do pressuposto de que os indivíduos possuem uma limitada capacidade de análise. As pessoas possuem, de acordo com essa teoria, uma racionalidade limitada. Para melhorar a qualidade das decisões tomadas, faz-se necessária, em decorrência, a manutenção de sistemas eficazes de informação e análise de alternativas.

Herbert Simon, um dos mais conhecidos estudiosos da administração e o único laureado com um prêmio Nobel, destacou-se pela visão integrada da influência dos indivíduos e do meio ambiente interno no desempenho de uma organização. Ele defendeu a ideia de que o ambiente organizacional que envolve os indivíduos gera a maioria das forças orientadoras do comportamento e proporciona aos que ocupam cargos gerenciais os meios para exercer autoridade e influenciar os demais.

Simon estudou o processo decisório, definindo a administração como a arte de fazer coisas. Concebeu a organização como um sistema de decisões, no qual cada pessoa participa tomando decisões individuais a respeito das alternativas de comportamento oferecidas. Criticou as teorias administrativas anteriores, que davam ênfase unicamente às ações, esquecendo-se de que estas foram provocadas por decisões. De acordo com sua análise, o processo decisorial se desenvolve nas seguintes etapas (March e Simon, 1981):

- percepção da situação que envolve algum problema;
- análise e definição do problema;
- definição dos objetivos;
- procura de alternativas de ação;
- avaliação e comparação das alternativas;
- escolha da alternativa mais adequada;
- implementação da alternativa escolhida.

A teoria da decisão contempla também uma proposta de hierarquização das decisões. De acordo com essa percepção, cada decisão está inserida em um contexto mais amplo, relacionando-se com algumas decisões maiores e outras menores. Cada nível decisório é um fim com relação aos níveis inferiores e um meio para alcançar os superiores (Simon, 1965).

A despeito de sua grande aceitação, essa teoria apresenta um caráter reducionista do comportamento humano nas organizações, pretendendo direcionar as decisões com base em um conjunto de informações e procedimentos estruturados. Essa pretensão revela-se bastante inadequada diante da percepção que temos atualmente da dinâmica organizacional, marcada pela imprevisibilidade e pela diversidade de demandas. Flexibilidade, capacidade de adaptação, rapidez de respostas às mudanças ambientais, convivência com a incerteza, despadronização e outros valores essenciais para as organizações contemporâneas não são adequadamente contemplados pela teoria da decisão.

Essa teoria insere-se, portanto, na abordagem estrutural da administração, que apresentamos neste capítulo, estando presente no modelo de gestão de um grande número de organizações, a despeito de suas limitações.

Nas diversas teorias apresentadas neste capítulo, percebemos a existência de importantes lacunas em relação à visão do ser humano e seu papel nas organizações. Reduzindo os trabalhadores a simples "mão-de-obra", a um mero insumo produtivo, essas teorias incorreram em um reducionismo que contribuiu para a concepção de modelos de gestão de pessoas inadequados à complexidade que caracteriza o ser humano. Não à toa, até o surgimento de abordagens diferenciadas nos estudos organizacionais, não havia nas organizações o que hoje chamamos de gestão de pessoas. As únicas tarefas relacionadas à gestão dos trabalhadores eram meramente operacionais, como o controle da frequência, a elaboração da folha de pagamentos e os treinamentos operacionais, mais próximos do adestramento do que da educação corporativa.

No próximo capítulo, tratamos da abordagem humanística das organizações, que apresentou uma perspectiva bastante diferenciada da administração, com forças e fraquezas distintas daquelas percebidas na abordagem estrutural.

3

Uma abordagem humanística

Neste capítulo, apresentamos as principais teorias que compõem a chamada abordagem humanística da administração.

Iniciamos com um breve relato da experiência de Hawthorne, que marcou a descoberta da influência dos fatores psicossociais sobre a produtividade, impulsionando as teorias de cunho humanista. Em seguida, apresentamos os pontos principais das contribuições oferecidas por diversos autores da abordagem humanística. Depois, destacamos algumas colaborações contemporâneas sobre as relações dos indivíduos com as organizações e os elementos considerados relevantes na construção de modelos de gestão humanizados.

No último item do capítulo, desenvolvemos críticas às contribuições da abordagem humanística. Apesar de as teorias dessa abordagem defenderem arranjos pretensamente mais justos para os trabalhadores, os resultados alcançados podem ser contestados, sendo apontada por alguns autores a existência de um caráter manipulador em muitas dessas teorias.

Esperamos que a leitura deste capítulo proporcione a você, leitor:

- o entendimento do pensamento e das práticas desenvolvidas, ao longo do tempo, relacionados com o comportamento das pessoas;
- a percepção da importância da consideração do ser humano em suas diversas dimensões — trabalho, lazer, família, desenvolvimento pessoal —, em uma perspectiva integradora;
- o conhecimento da contribuição dos principais teóricos da administração que seguem a abordagem humanística;
- o entendimento da importância de que sejam construídas soluções adequadas a cada momento e a cada situação, com a priorização da aprendizagem contínua;
- a percepção dos limites das teorias e dos modelos de gestão de cunho humano.

A experiência de Hawthorne

A experiência de Hawthorne, a seguir descrita, constituiu um marco na evolução do pensamento administrativo, incentivando o desenvolvimento da abordagem humanística da administração. A despeito de terem ocorrido importantes contribuições anteriores a essa experiência, foi a partir dela que surgiram as principais teorias que compuseram a nova abordagem e os novos modelos de gestão.

A experiência começou porque a administração da fábrica de relés telefônicos Western Electric Company, localizada no bairro de Hawthorne, na cidade de Cicero, em Illinois, Estados Unidos, estava insatisfeita com a produtividade de seus empregados. Embora essa indústria oferecesse salários satisfatórios e boas condições de trabalho, os resultados não apareciam nos níveis desejados. Ficou decidido, então, em 1927, que seria empreendida uma pesquisa que pudesse indicar formas de aumentar a motivação para o trabalho. Para tanto, foi contratada uma equipe da Universidade de Harvard, chefiada pelo professor Elton Mayo. A experiência desenvolvida acabou se tornando bastante complexa, durante mais de cinco anos (encerrou-se em 1932, devido às dificuldades financeiras ocasionadas pela Grande Depressão) e envolvendo um total de 20 mil trabalhadores (Souza e Ferreira, 2006).

No início, a atenção dos pesquisadores concentrou-se na influência dos fatores biológicos e físicos na produtividade. Foram então modificadas as condições de iluminação do local de trabalho, introduzidos períodos de repouso, fornecidos lanches e reduzida a jornada de trabalho, entre outras alterações similares, para um grupo de operárias previamente selecionadas, observadas em separado, em uma sala de testes.

Embora todas as alterações promovidas tenham influenciado a produtividade, ficou evidente a existência de um fator até então desconhecido, que se refletia nos resultados observados, produzindo efeitos contraditórios. Em um dado momento, por exemplo, a jornada de trabalho do grupo de teste foi sendo reduzida gradativamente, provocando sucessivos aumentos na produção. Porém, quando a jornada foi novamente ampliada, voltando aos níveis iniciais, a produção continuou a crescer. A partir daí, foi constatada a importância do fator psicológico na produtividade.

Ocorreu que o grupo de operárias separadas para a aplicação dos testes sentiu-se prestigiado por ser alvo do interesse e das atenções dos diretores da empresa e dos estudiosos de Harvard, aos quais prestavam constantes depoimentos. Além disso, houve um grande entrosamento entre as participantes, facilitado pelo fato de o grupo ser pequeno, aliado às condições de trabalho mais liberais, sem a submissão a uma supervisão excessivamente rígida, como a imposta às demais operárias, que não podiam conversar entre si no horário do expediente.

Observou-se ainda, nessa experiência, o surgimento de líderes informais, moças que, devido às suas características de personalidade, possuíam forte influência sobre as colegas e passaram a incentivá-las a buscar o aumento da produtividade e o estabelecimento de uma meta comum: provar que a introdução de melhorias na gestão de pessoas e o fim da supervisão rigorosa possibilitariam um aumento na produtividade.

Em síntese, as principais conclusões da experiência de Hawthorne foram:

- os grupos informais são importantes, ficando demonstrada a necessidade de ver o trabalho como um processo coletivo e como uma atividade cooperativa. Os grupos tendem a desenvolver as suas próprias normas, valores e atitudes, que têm particular importância no desempenho;
- as pessoas têm uma profunda necessidade de reconhecimento, segurança e adesão ao grupo. Na verdade, as pessoas são predominantemente influenciadas pelo reconhecimento e segurança, e muito menos por incentivos de caráter pecuniário;
- é preferível colaborar com os grupos informais a eliminá-los, como pretendia Taylor.

Hawthorne constituiu-se, portanto, em um marco do pensamento administrativo, revelando a importância dos aspectos psicossociais do trabalho e como eles podem influenciar a produtividade. Ficou claro que uma organização não é determinada apenas por sua face formal, constituída de normas, procedimentos produtivos, rotinas administrativas e chefes. A outra face, a chamada organização informal, que engloba a cultura organizacional, os grupos e os líderes informais, merece ser estudada e estimulada a atuar de forma positiva.

Autores de destaque na abordagem humanística

Um expressivo número de autores da administração desenvolveu trabalhos com base na abordagem humanística. Escolhemos alguns entre os considerados de maior destaque para apresentar um resumo de suas ideias, que foram fundamentais no lançamento das bases teóricas dos modelos de gestão que nasceram sob a inspiração dessa perspectiva.

Iniciamos com Mary Parker Follett, que apresentou uma contribuição ímpar e pioneira.

Mary Parker Follett

Mary Parker Follett (1868-1933) foi chamada de "profeta do gerenciamento" pelo fato de ter sustentado ideias muito à frente de seu tempo em relação à gerência, em especial às formas de liderança e trabalho em equipe. Ela já defendia, com notável pioneirismo, ideias que somente décadas mais tarde seriam adotadas por outros estudiosos.

Para se fazer ouvir, Follett precisou vencer fortes preconceitos. Além de mulher, tinha uma aparência modesta e severa, chegando a ser chamada de "uma solteirona magricela de Boston". A qualidade de suas ideias, no entanto, era incontestável e ela acabava por conquistar a adesão de muitos daqueles com que se relacionava.

Além do preconceito que sofria por ser mulher, as próprias ideias defendidas por Follett apresentavam-se por demais progressistas para o seu tempo, fazendo com que ela fosse taxada de subversiva. Isso fez com que sua obra acabasse por cair no esquecimento após seu falecimento, sendo resgatada apenas décadas mais tarde.

Uma de suas principais preocupações foi propor uma forma mais adequada para o exercício da autoridade. No seu entendimento, "a maneira mais eficaz de exercer autoridade é despersonalizando o ato de dar ordens, enfatizando a importância de uma tarefa, em vez dos direitos que uma pessoa tem sobre a outra" (Graham, 1997:12).

Outro ponto de destaque que encontramos em sua contribuição foi o entendimento que demonstrou dos conflitos. As três citações a seguir revelam claramente a riqueza de sua abordagem sobre esse tema. Para Follett, "a natureza deseja ardentemente os opostos e, a partir deles, completa a harmonia, e não a partir dos semelhantes (...). O medo da diferença é o medo da própria vida" (Graham, 1997:21). Ela também afirmou que "o organismo integrado é infeliz, pois o organismo é a atividade contínua de auto-organização e automanutenção" e que "conhece-se um homem pelos dilemas que ele mantém" (Graham, 1997:40 e 76).

Follett entendia que existem três formas de se lidar com o conflito: a dominação, na qual uma parte impõe à outra seus desejos; a conciliação, que tem como base a renúncia total ou parcial de seus interesses por uma das partes; e a integração, em que são buscados arranjos que satisfaçam efetivamente ambas as partes. A integração representa, na sua percepção, a melhor estratégia, pois na conciliação a tendência é que os conflitos acabem voltando e a dominação apenas abafa o conflito ao mesmo tempo que agrava as diferenças. Sempre que um impasse é resolvido pela concessão, as diferenças tendem, segundo destacou, a reaparecer de outras formas. Somente a integração é capaz, de acordo com Follett, de promover uma resolução adequada de conflitos nas organizações.

A respeito do exercício da liderança e do poder, Follett também apresentou ideias relevantes. No seu entendimento, cada membro do grupo tem poder exclusivo e soberano, derivado da combinação de conhecimentos, habilidades e experiências que possui. A função do gerente é ajudar os membros do grupo a perceber que têm esse poder e unificar os poderes individuais em um poder total do grupo. Assim, no lugar do que poderia ser chamado o "poder sobre", deve-se adotar o "poder com". Enquanto no "poder sobre" o líder exerce pressão sobre o grupo para obter o que quer, no "poder com" ele trabalha com o liderado para satisfazer as necessidades mútuas. Podemos obter poder pelo debate aberto, examinando e reconstruindo as estruturas dentro das quais estamos confinados (Souza e Ferreira, 2006).

Para Follett, "frequentemente, o que não é bem recebido é a ordem e não a coisa ordenada" (Graham, 1997:132). Por isso, ela defendia que as ordens devem ser despersonalizadas. Devem representar não a vontade do líder e sim uma exigência da situação. Para desempenhar uma liderança positiva, é necessário que o líder:

❏ prepare o caminho para as ordens, criando, antecipadamente, atitudes que garantam que elas sejam executadas;
❏ proporcione alguns estímulos para a adoção dos métodos sugeridos;
❏ dê oportunidade para que esses métodos se tornem hábitos.

Follett também foi pioneira no desenvolvimento de uma abordagem holística e ecológica, conforme percebemos no seguinte pensamento: "Para salvar a nós mesmos, bem como a natureza, devemos renunciar à crença de que a natureza deve ser dominada e escravizada, aceitando que, como indivíduos, empresas ou indústrias, pertencemos ao mesmo sistema" (Graham, 1997:31).

Ela também entendia que a separação entre a vida espiritual e as atividades diárias de uma pessoa seria um dualismo fatal. Por isso, afirmou que, em qualquer organização na qual os membros não pensem em si mesmos apenas como responsáveis pelo seu próprio trabalho, mas como pessoas que compartilham uma responsabilidade em relação à empresa e ao mundo, existe uma chance de sucesso muito maior. Outra notável afirmação neste sentido foi que "não existe 'indivíduo' e não existe 'sociedade'. Existe apenas o grupo e a unidade do grupo — o indivíduo social" (Graham, 1997:232).

Em relação ao exercício do controle, Follett entendia que o controle gera consequências desastrosas sempre que supera a integração, ou seja, quando assume uma finalidade própria, desvinculada de objetivos maiores. Defendeu, também, que devemos procurar obter, juntamente com o grupo, o controle da situação, e não das pessoas.

Embora tenham alcançado, na época, grande repercussão, as ideias de Follett custaram a ser testadas na prática gerencial. Um dos motivos por que suas propostas não foram aplicadas imediatamente é que os gestores de sua época pareciam bastante satisfeitos com os resultados produzidos pela aplicação do modelo taylorista-fordista, com bases opostas ao que ela defendia. Na verdade, a abordagem humanística só ganhou força na administração a partir da chamada experiência de Hawthorne, já comentada.

Rensis Likert

Um dos aspectos que merece maior atenção dos estudiosos da administração da linha humanística é a liderança. Entre os pioneiros nos estudos sobre a eficácia dos estilos gerenciais, destaca-se o trabalho de Rensis Likert (1903-1981), professor de sociologia e psicologia e diretor do Instituto de Pesquisas Sociais da Universidade de Michigan. Durante mais de 40 anos, Likert desenvolveu uma série de estudos sobre estilos de liderança e gerência, dedicando-se à realização de experiências e à análise de informações obtidas em experimentos de outros estudiosos, na tentativa de relacionar o sucesso alcançado por determinadas organizações com o sistema de liderança e a política de gestão de pessoas por elas adotada.

Os estudos analisados conduziram à conclusão de que o sistema participativo é o mais eficaz. Uma pesquisa desenvolvida por Stanley Seashore e Basil Georgopoulos, em 31 departamentos com funções similares, mostrou que, nos 10 departamentos onde havia menor pressão dos supervisores, nove mantinham produtividade acima da média; nos 11 departamentos de pressão média, esse número caía para cinco; e, nos departamentos de alta pressão, ficava em um. Outra pesquisa, conduzida por Katz e outros em diferentes seções de uma mesma organização, revelou que também os supervisores de primeira linha atuam melhor sob menor pressão; das 10 seções com alta produção, nove estavam sob supervisão geral, menos rigorosa, enquanto nas 12 seções de baixa produção, oito estavam sob supervisão rigorosa (Likert, 1971).

Entre as principais características apontadas como desejáveis em um sistema de gestão, destacam-se as seguintes:

❑ deve haver um eficiente fluxo de comunicação com os subordinados, de modo que estes saibam o que está acontecendo e recebam informações sobre as tarefas a executar. Os superiores, por sua vez, devem mostrar-se receptivos a informações;
❑ as decisões devem ser tomadas de forma participativa, consultando-se todos os envolvidos;
❑ o bem-estar do indivíduo precisa ser buscado, oferecendo-se melhores condições de trabalho;
❑ devem ser privilegiados o planejamento conjunto e a coordenação de esforços, o intercâmbio de informações, o desejo de atingir os objetivos, e a confiança e crédito de outros membros;
❑ devem ser oferecidas aos trabalhadores condições para que se sintam satisfeitos com os colegas, os superiores, as tare-

fas, a organização, quando comparada com outras, a remuneração e as perspectivas de crescimento profissional.

Como vemos, essas afirmações foram assimiladas pela maioria das teorias contemporâneas de gestão. Podem, até mesmo, parecer óbvias. Porém, é preciso que se considere o pioneirismo de Likert ao desenvolver sua teoria em uma época em que ainda prevaleciam os valores do modelo clássico de gestão.

Douglas McGregor

Douglas McGregor (1906-1964) foi outro expoente da chamada abordagem humanística da administração. No seu livro *The human side of enterprise* (1960), ele propôs a existência de duas maneiras básicas de interpretação da natureza humana no trabalho: uma negativa, baseada nos valores mais conservadores, típicos do taylorismo, que ele batizou de teoria X, e uma alternativa, calcada nos princípios dos pensadores humanísticos, que ele chamou de teoria Y.

É importante destacar que a chamada "teoria X" foi apenas um nome dado por McGregor ao conjunto de pressupostos seguidos por muitos gerentes, e não uma teoria defendida por uma pessoa. São os seguintes os pressupostos dessa teoria (McGregor, 1992):

❑ o operário típico não gosta de trabalhar e evita ao máximo o esforço produtivo;
❑ os empregados devem ser coagidos, controlados e ameaçados com punições para que trabalhem de acordo com os padrões de produtividade exigidos;
❑ a maior parte das pessoas evita assumir responsabilidades no ambiente de trabalho;

- os trabalhadores põem a segurança acima de tudo e possuem pouca ambição.

A teoria Y oferece uma visão muito mais positiva da natureza humana, adotando os seguintes pressupostos:

- a maior parte das pessoas encara o trabalho de forma tão natural como a alimentação e o descanso e pode obter satisfação na atividade produtiva;
- os trabalhadores são capazes de exercer autodireção e autocontrole, não precisando, assim, de uma supervisão rígida para cumprir as normas e os padrões de produção;
- as pessoas em geral aceitam as responsabilidades que lhes são confiadas se estiverem comprometidas com os objetivos a perseguir;
- a imaginação, criatividade, iniciativa e capacidade para tomar decisões constituem qualidades de muitas pessoas, não sendo qualidades exclusivas dos gestores.

Os gestores que aderem à teoria X costumam lançar mão das premiações e, principalmente, das punições, para controlar os seus liderados, de forma a restringir a capacidade dos indivíduos para exercerem controle sobre o seu trabalho. Aqueles gestores que aderem à teoria Y adotam um estilo de gestão mais flexível. Procuram encorajar os trabalhadores a participar da definição dos métodos de trabalho, permitindo-lhes o exercício da responsabilidade.

Abraham Maslow

Abraham Harold Maslow (1908-1970) foi um dos pioneiros do estudo da motivação para o trabalho, centrando sua atenção na investigação das necessidades humanas e seus reflexos sobre o processo motivacional. Sua proposta de análise — a hierarquia das necessidades — exerceu grande influência sobre os estudos posteriores acerca do assunto. Maslow aponta diversos pressupostos que, no seu entender, devem fazer parte de qualquer estudo sobre motivação. Entre eles, destacamos os relacionados a seguir (Maslow, 1971).

❑ *Qualquer comportamento motivado é um canal pelo qual diversas necessidades podem ser expressas ou satisfeitas simultaneamente. Cada ato costuma possuir mais de uma motivação.*

Esse ponto alerta-nos para o fato de que não devemos adotar uma visão simplista na análise do comportamento dos trabalhadores, uma vez que cada um dos seus atos pode estar orientado para atender várias necessidades. Ao analisarmos apenas a necessidade mais explicitamente relacionada a um determinado comportamento, podemos estar deixando de lado aspectos muito mais relevantes do que aqueles que nos são mais evidentes.

❑ *O estudo da motivação deve concentrar-se nos objetivos finais das pessoas, e não em seus objetivos intermediários, que nada mais são do que meios para atingir os objetivos finais.*

Parece-nos bastante lógico esse pressuposto. Os objetivos intermediários são apenas passos, ou etapas, galgados pelas pessoas para atingir os objetivos finais. Quando isso não ocorre, nenhum valor representará para a pessoa o alcance dos objetivos intermediários. Assim, se uma organização proporciona aos seus membros apenas o alcance de alguns de seus objetivos intermediários, certamente falhará na tentativa de contribuir para a motivação desses membros.

❑ *As necessidades humanas estão hierarquizadas segundo o seu valor. Assim, a manifestação de uma necessidade baseia-se, geralmente, na satisfação prévia de outra mais importante ou premente. Nenhuma necessidade deve ser tratada como se fosse isolada, uma vez que todas se relacionam com o estado de satisfação ou insatisfação de outras necessidades.*

As necessidades humanas foram representadas na conhecida "pirâmide de Maslow", que estabelece a hierarquia entre cinco tipos básicos de necessidades. As da base da pirâmide são as que primeiramente se manifestam e, a partir do atendimento a elas, as necessidades mais elevadas vão surgindo.

São cinco os níveis da pirâmide de Maslow, ordenados da base para o topo: necessidades fisiológicas (alimento, água, repouso e bem-estar físico); necessidades de segurança (desejo de alcançar estabilidade na vida pessoal e profissional); necessidades de amor, afeição e participação (manutenção de relacionamentos positivos com outras pessoas); necessidades de estima (sentir-se reconhecido, valorizado); e necessidades de autorrealização (sentimento de satisfação com as conquistas e realizações alcançadas).

A despeito da importância da contribuição de Maslow para o estudo da motivação humana, várias críticas podem ser feitas à sua visão. Podemos questionar, por exemplo, se a hierarquia por ele proposta não falha ao generalizar a ordem em que as necessidades surgem, desconsiderando as diferenças conjunturais, culturais e individuais, que podem fazer com que um tipo de necessidade se destaque das demais, ou que elas surjam em uma ordem distinta daquela que ele propôs. Será que uma necessidade, realmente, só se manifesta depois de a outra estar satisfeita?

Frederick Herzberg

Frederick Herzberg (1923-2000) foi outro importante estudioso da motivação humana. Segundo a teoria por ele defendida, motivação e desmotivação não são extremos opostos de uma mesma dimensão. Para Herzberg, os fatores que determinam a motivação são: realização, reconhecimento, o trabalho em si, responsabilidade, avanço e crescimento, segundo citação de Hampton (1991). Em outra dimensão, estão os fatores que determinam a desmotivação, quando não são atendidos de acordo com as expectativas dos empregados, ou "fatores de higiene": administração e política da companhia; supervisão; relacionamento com o supervisor; condições de trabalho, salário, relacionamento com os colegas; vida pessoal; relacionamento com os subordinados; *status* e segurança.

Claro que esta lista não esgota a relação, que pode ser acrescida de diversos outros fatores motivacionais e higiênicos. Também podemos dizer que não seria conveniente colocar os fatores citados em ordem de importância. Como vimos na crítica à hierarquia das necessidades de Maslow, diferenças conjunturais, culturais e individuais podem determinar maior ou menor valorização por uma pessoa dos diversos fatores determinantes de sua motivação.

As três principais conclusões que podemos tirar da teoria de Herzberg são:

❑ o conteúdo de uma tarefa é mais importante para a motivação dos trabalhadores do que a ambiência em que ela se desenvolve. Cabe, portanto, à organização, enriquecer a tarefa e fazer com que os indivíduos se sintam capazes de desenvolvê-la, sendo reconhecidos por isso;

❑ a concessão, em níveis adequados, de fatores higiênicos, como segurança, salário e *status*, é importante para evitar que os empregados se sintam desmotivados, mas não gera, tal concessão, motivação;

❑ para que os trabalhadores se sintam motivados a desempenhar as suas tarefas, é preciso que se dê constante atenção a fatores como reconhecimento, responsabilidade e desenvolvimento individual, além da definição adequada da tarefa em si (Motta, 1986).

Embora possamos concordar com a visão de Herzberg quanto à existência de duas dimensões distintas, satisfação e insatisfação, cremos que é difícil delimitar as fronteiras entre os fatores higiênicos e motivacionais. Vários dos fatores que anteriormente citamos como higiênicos podem ser, em muitos casos, motivacionais, contribuindo, dessa maneira, não somente para evitar a insatisfação, mas também para proporcionar satisfação aos empregados. Um aumento salarial, por exemplo, pode proporcionar a uma pessoa o sentimento de que o seu trabalho está sendo reconhecido e valorizado, fazendo, assim, com que ela se sinta motivada.

A grande lição que podemos tirar dos estudos de Herzberg é que não basta uma organização proporcionar um bom salário, boas condições físicas de trabalho, segurança no emprego e um bom relacionamento profissional aos seus empregados para que estes se motivem para o trabalho. Da mesma forma, uma vida pessoal equilibrada e feliz não garante que uma pessoa será um trabalhador motivado. É comum observarmos pessoas que, mesmo encontrando em suas empresas os fatores citados adequadamente atendidos, não se sentem motivadas para o trabalho.

Warren Bennis

Os primeiros estudos da abordagem humanística enfocavam especificamente as questões comportamentais envolvidas no trabalho. Aos poucos, porém, foram sendo incorporados a esses estudos os aspectos organizacionais, ou seja, temas relacionados à organização da produção. Essa inclusão ocorreu principalmente a partir do final dos anos 1950 e começo dos anos 1960. Warren Bennis, nascido em 1925, foi um dos expoentes desse movimento, representando o seu artigo "The coming death of bureaucracy", publicado em 1969, um marco da chamada escola comportamentalista da administração (Maximiano, 2005).

Bennis defende a posição de que em cada época se desenvolveu um tipo de organização apropriada àquele tempo. A burocracia teria sido a forma mais adequada para os primeiros dois terços do século XX, mas não para o futuro. Ele acreditava que a burocracia aparecera porque a ordem, precisão e impessoalidade constituíram uma opção válida para a crueldade, o nepotismo e a servidão que caracterizaram a primeira fase da Revolução Industrial. Em suma, a burocracia teria emergido como resposta aos valores e necessidades de uma época específica, valores esses que teriam desaparecido em meados do século XX, fazendo com que a organização burocrática se revelasse inadequada aos novos tempos (Tachizawa, 2001).

Novas condições haviam emergido, exigindo um novo tipo de organização e administração. Essas condições são:

- mudanças rápidas e inesperadas — a força da burocracia consiste na capacidade para gerir as rotinas; todavia, as suas regras pré-programadas e a inflexibilidade tornam-se inadequadas para o mundo moderno em constante mudança;
- aumento da dimensão das organizações — as organizações cresceram de tal modo que as estruturas burocráticas se tornaram menos eficientes;
- crescente diversidade — o rápido crescimento gerou a especialização, e os especialistas não se sentem bem numa estrutura piramidal e estandardizada;
- mudança no comportamento gerencial — a crescente adoção da perspectiva humanista por parte dos gestores mudou a visão simplística da abordagem clássica, pelo que a burocracia começou a entrar em crise.

O trabalho de Bennis não foi único; muitos outros estudos surgiram, apontando a necessidade de revisão da forma como o trabalho é estruturado nas organizações, de modo a proporcionar aos trabalhadores oportunidades adequadas de desenvolverem seus talentos.

Chester Barnard

Chester Barnard (1886-1961), outro autor de relevo da abordagem humanística, possuía uma considerável experiência gerencial, tendo ocupado a presidência de duas grandes instituições norte-americanas: a Fundação Rockefeller e a New Jersey Bell. Em sua principal obra, *As funções do executivo*, publicada em 1938, ele já destacava o papel da tomada de decisões como centro da administração, além de apresentar um conceito inovador de autoridade (Barnard, 1971).

Para Barnard, o esforço cooperativo era a chave para o sucesso organizacional e a eficácia administrativa. A qualidade desse esforço depende, na sua visão, da administração da motivação, da adequação do processo decisório, da eficácia da comunicação e da correta fixação e difusão de objetivos.

Barnard formulou a chamada "teoria da aceitação da autoridade". De acordo com essa teoria, cada funcionário, ao receber uma ordem de seus superiores, julga se ela é legítima e aceitável, tendo em vista suas metas e interesses pessoais. Portanto, a eficácia da gestão consiste na capacidade do gerente de obter legitimação de sua autoridade com os seus subordinados, fazendo com que eles entendam e aceitem as orientações recebidas. Sua posição de que a verdadeira fonte de poder do executivo não é sua posição hierárquica, e sim sua aceitação pelos trabalhadores, vai ao encontro das ideias defendidas por Mary Parker Follett, conforme exposto.

Contribuições contemporâneas: reflexões sobre pessoas e trabalho, pessoas e vida

Os modelos tradicionais de gestão incorporam a ideia de que a vida profissional e a vida privada devem manter uma separação hermética, ou seja, não se devem misturar os canais de cada uma das atividades desempenhadas, não se devem levar problemas do trabalho para casa nem de casa para o trabalho. No entanto, por melhor que seja a consciência profissional do empregado, problemas em sua vida privada provocarão atitudes que irão transparecer e influir nos resultados de suas atividades. Assim, a visão do homem integral, harmonizado com todos os fatos intervenientes no processo de sua vida, é o que se pretende transmitir nesta seção do texto. As organizações precisam, na perspectiva humanística, ter em seus quadros pessoas que gostem do que fazem, que sejam capazes de manter um *continuum* de harmonia entre seus ambientes de trabalho e de convivência social e familiar.

O comportamento organizacional começa com um conjunto de conceitos fundamentais que envolvem a natureza das pessoas e das organizações, como os a seguir destacados (Davis e Newstron, 2001):

❏ *diferenças individuais* — embora tenham muitas coisas em comum, as pessoas são naturalmente diferentes; são seres individualmente ímpares. Esta noção de diferença individual tem sua origem na psicologia. Desde o dia de seu nascimento, cada pessoa tem suas próprias experiências vivenciais, as quais se somam às características inatas do indivíduo. A existência de diferenças individuais significa que a administração de uma organização pode conseguir motivação maior entre os empregados tratando-os de maneiras diferentes. É a necessidade de que os desiguais sejam tratados desigualmente, como propôs Aristóteles. Não fossem tais diferenças individuais, poderia ser criado um padrão para tratamento dos empregados, sendo assim requerido um mínimo de julgamento dali para diante. Como tal coisa não acontece, torna-se necessário que o tratamento que os administradores dedicam a seus empregados seja individual, e não meramente estatístico. É claro que não se pode desprezar a estatística como método de avaliação e de prover previsibilidade para algumas situações. No entanto, é preciso que se perceba que a variabilidade do comportamento humano faz com que os estimadores estatísticos mostrem-se inaplicáveis;

- *a pessoa como um todo* — basta que exista um ponto de desarmonia na vida pessoal de um indivíduo e seu trabalho não será satisfatoriamente executado. Por algum tempo, tudo pode até correr bem, mas, depois, os processos se degeneram;
- *o comportamento motivado* — a motivação é essencial ao funcionamento organizacional. Nenhuma tecnologia é capaz de resolver as coisas por si só. É preciso que haja pessoas capazes de fazê-la funcionar — pessoas motivadas, pessoas com vontade de fazer as coisas acontecerem;
- *o valor da pessoa (dignidade humana)* — este é o conceito de natureza ética, fundamentado no respeito que as pessoas devem ter umas pelas outras.

Mindkeeping

Outra abordagem que contribui para ilustrar a aplicação da perspectiva humanística nos modelos de gestão é o *mindkeeping*, que contempla os chamados "cinco sensos do comportamento" (Corrêa, 1998).

A palavra *mindkeeping* é um neologismo que tenta apropriar-se de parte do sentido de outra palavra da língua inglesa, de significado bastante conhecido em processos da qualidade, *housekeeping*, que quer dizer arrumação da casa, e está ligada à versão ocidental da filosofia japonesa dos 5S. Assim, *mindkeeping* quer dar a ideia de arrumação da cabeça, ou da mente.

A visão do processo é simples: enquanto o *housekeeping* visa mais à arrumação de coisas, o *mindkeeping* dirige-se ao propósito de dar melhor disposição a hábitos e comportamentos. Para facilitar a absorção de sua proposta em organizações nas quais a implementou, Corrêa (1998) propôs a adoção de três frases de fácil memorização.

❏ *Procure o porquê de cada coisa.* Nesta frase encontra-se a disposição de estar consciente em relação ao processo de que se está participando. Como reforço para a fixação, devem ser praticados os "cinco porquês", uma técnica bastante simples para a busca da raiz de um problema qualquer. A adoção deste comportamento deve favorecer o surgimento de questionamentos internos sobre as razões de cada tarefa desempenhada.

❏ *Conheça bem o processo em que você trabalha.* Esta frase é apenas um reforço da primeira. Sua função maior é a orientação do fluxo dos porquês, que devem levar a um conhecimento melhor das condições gerais do processo de que cada um participa e para o qual contribui com sua força de trabalho. A cada pessoa é solicitado que seja capaz de compreender os antecedentes e consequentes de cada ação sua dentro do processo, de forma a definir com clareza a extensão de sua responsabilidade em relação ao sucesso e às falhas.

❏ *Não aceite desculpas.* Este posicionamento não tem o significado da intolerância com relação ao comportamento de outras pessoas. Não aceitar desculpas, neste caso, refere-se a uma não aceitação das razões que poderiam justificar as falhas próprias de cada um. Diante dos obstáculos, podemos adotar duas diferentes posturas: procurar vencê-los ou utilizá-los como desculpa para nossos insucessos. Devemos desafiar-nos, e também às pessoas com as quais trabalhamos, a adotar sempre a primeira postura.

Os 5S do comportamento

Os 5S do comportamento são sensos ligados à prática de uma filosofia calcada no bom relacionamento e na busca do sucesso. Sua internalização, ou seja, sua adoção como base de comportamento individual, pode levar as pessoas a diminuírem suas frustrações e a garantirem melhores resultados com relação a seus objetivos e metas.

Senso de determinação

Consiste na determinação para superar os obstáculos que se apresentam, em vez de se acomodar diante deles e utilizá-los como desculpa para os fracassos. Acreditar sempre na vitória é indispensável, mas não é o suficiente. Trabalhar para obtê-la é fundamental. Também devemos considerar que, dificilmente, uma tarefa depende exclusivamente de uma pessoa. Dessa forma, não basta ao indivíduo estar imbuído da determinação de superar barreiras. Tal determinação deve refletir-se também no grupo como um todo, sendo esse um desafio dos líderes, que precisa ser contemplado pelo modelo de gestão adotado em cada organização para que alcance sucesso.

Senso de objetivo

O senso de objetivo está relacionado ao conceito de visão do futuro. Devemos considerar que saber onde se quer chegar é a primeira informação necessária para que se possa escolher o melhor caminho e, aí, percorrê-lo com determinação. A questão é entender o futuro como *o lugar onde moram os meus objetivos* (Corrêa, 1998).

Senso de aprendizado

Refere-se à valorização da obtenção constante de conhecimento, o mais importante insumo do processo de decisão e das realizações profissionais. Até mesmo a intuição, tão significativa em tais processos, torna-se mais clara e efetiva quando quem decide tem mais conhecimento do cenário de atuação.

Senso de sistematização

O senso de sistematização contempla a capacidade de repetir os procedimentos bem-sucedidos e evitar aqueles que já revelaram induzir a insucessos. "Quem esquece o passado está condenado a repetir erros no futuro" é a grande máxima deste senso.

Senso ético

Trata-se de um senso cuja importância tem sido crescentemente reconhecida nas organizações. A sustentabilidade de uma empresa, a médio e longo prazos, depende da seriedade como seus negócios são conduzidos. Mesmo que produzam benefícios a curto prazo, os arranjos organizacionais e ações que não primem pela ética acabam por prejudicar a imagem institucional e afastar seus clientes, além de desmotivar os funcionários.

Visão crítica da abordagem humanística

Para a maioria dos estudiosos da administração, a chamada abordagem humanística representou um considerável avanço em relação às teorias anteriores, marcadas por uma visão muito restrita e pessimista a respeito dos trabalhadores. As críticas mais comumente formuladas a alguns autores dessa abordagem, em especial aos trabalhos publicados imediatamente após a experiência de Hawthorne, destacam fragilidades como uma visão romântica e ingênua das relações humanas no trabalho e a orientação exclusiva para os aspectos comportamentais, deixando de lado questões estruturais. Entre outras, podem ser destacadas as seguintes (Souza e Ferreira, 2006):

- *oposição radical à escola clássica* — a excessiva preocupação dos autores comportamentalistas acabou por induzi-los ao erro de desconsiderar algumas variáveis julgadas centrais pelos autores da abordagem clássica. Assim, a notável contribuição de Taylor, Ford e Fayol na racionalização dos processos produtivos é ignorada pelos comportamentalistas, que se concentram apenas em bombardear a visão que os clássicos mantinham sobre o trabalhador;
- *visão simplista dos conflitos* — os autores da abordagem clássica simplesmente ignoravam a possibilidade de existência de conflitos entre os interesses corporativos e os objetivos individuais dos empregados, supondo que seus métodos eliminariam por completo esse tipo de ocorrência. Os estudiosos da linha humanística, em especial em sua primeira fase — a escola de relações humanas —, consideravam o conflito indesejável e buscavam sua completa eliminação por meio de uma abordagem simplista e romântica, como se a simples adoção de um estilo de gestão mais participativo pudesse garantir uma total convergência de interesses na relação capital *versus* trabalho;
- *enfoque manipulativo* — muitos críticos acusam as teorias humanísticas de gestão de serem, na verdade, manipulativas dos trabalhadores. A argumentação utilizada nesse sentido

é que a aparente valorização dos operários esconde a preocupação principal, que é a geração de maior lucro para as empresas. A criação de um clima de cooperação entre os trabalhadores e seus patrões seria uma forma de abafar as justas reivindicações por melhores salários e condições de trabalho, tornando-os submissos aos interesses do capital.

Alberto Guerreiro Ramos, um dos mais expressivos autores brasileiros na área de administração, desenvolve uma contundente crítica às teorias comportamentalistas. Na sua opinião, a palavra "comportamento", em sua origem, significa conformidade a ordens e costumes ditados pelas conveniências exteriores. O indivíduo tornou-se uma criatura que se comporta, inserida em sociedades em que pode fazer pouco além de responder a persuasões organizadas. Para Guerreiro Ramos, "a busca de integrar o indivíduo e a organização é um esforço sinistro, que só pode ser levado a cabo às expensas da dimensão substantiva das pessoas" (Ramos, 1989:79).

Na visão de Guerreiro Ramos e de diversos outros críticos da abordagem humanística, a abordagem clássica é menos desrespeitosa aos trabalhadores. Nas primeiras décadas do século XX, antes do advento do comportamentalismo, as pessoas procuravam as organizações formais para trabalhar e receber salários, havendo uma fronteira clara entre as empresas e a vida pessoal dos seus funcionários. O comportamentalismo emergiu junto com um novo modelo de sociedade, centrado nas organizações de trabalho, que passaram a ser o eixo em torno do qual girava a vida dos indivíduos, sufocando outros espaços sociais e difundindo uma perversa lógica de dominação e controle social.

Na sociedade centrada no trabalho, a que Guerreiro Ramos se refere, a gestão de pessoas passou a ocupar um lugar de destaque nos modelos de gestão. As descobertas feitas pelos estudiosos envolvidos na formulação das teorias que compuseram a chamada abordagem humanística revelaram a necessidade de maior atenção aos aspectos humanos das organizações. Até então, as atividades na área de gestão de pessoas limitavam-se à seleção de trabalhadores hábeis, ministração de treinamentos práticos, controle de frequência e pagamentos. Os aspectos psicológicos e sociais passaram então, em diversas organizações, a merecer a atenção dos dirigentes.

A despeito de possuir características bem distintas das encontradas na abordagem clássica, a abordagem humana apresenta algumas fraquezas semelhantes, entre as quais se destaca a falta de foco na integração entre a organização e o meio ambiente na qual está inserida. Com o crescimento das organizações e a complexidade assumida pela sociedade a partir da segunda metade do século XX, fez-se necessário o surgimento de modelos de gestão que superassem essa limitação, conforme destacamos no próximo capítulo, que trata da abordagem integrativa.

4

Abordagem integrativa

Nos capítulos anteriores, estudamos as teorias de gestão centradas nos processos internos de organização da produção e do trabalho: primeiro, a contribuição das escolas científica e clássica; em seguida, a escola de relações humanas.

Relembrando o que foi apresentado, podemos considerar, como uma espécie de resumo, que os teóricos clássicos e científicos codificaram experiências práticas e propuseram um conjunto relevante de técnicas "científicas" de administração, prontas para serem seguidas e aplicadas com o objetivo de aumentar a produtividade. Na mesma linha ou tendência, a escola de relações humanas estudou a importância do componente humano, especialmente seus aspectos de satisfação e motivação *vis-à-vis* as necessidades organizacionais e individuais.

As contribuições que estudamos até aqui corresponderam às necessidades de um mundo razoavelmente estável. É verdade, como já vimos, que importantes dimensões dessas teorias clássicas de gestão ainda estão presentes e são muito úteis para o funcionamento de partes dos nossos sistemas administrativos e organizacionais.

Mas, em contrapartida, os processos de desenvolvimento econômico, tecnológico e social que se intensificaram desde o final da II Guerra Mundial provocaram também grandes transformações nos padrões gerenciais de nossas organizações públicas e privadas. Uma parcela cada vez maior de nossas organizações passou a operar tarefas, funções, atividades ou projetos de elevada complexidade, em situações de instabilidade e conhecimento precário das variáveis intervenientes nos problemas que deveriam enfrentar e solucionar.

Portanto, o cenário de instabilidade, mudanças, questões complexas e insuficiências ou precariedade de conhecimentos para tomada de decisões, que hoje tem enorme relevância em todos os aspectos de gestão de nossas organizações, tem estado presente, por longo tempo, no centro das teorias e das práticas gerenciais.

O que neste capítulo se denomina "abordagem integrativa" refere-se fundamentalmente às primeiras contribuições da teoria administrativa e gerencial voltadas para o estudo das questões complexas envolvidas nos processos de mudança e transformação organizacional. Tais contribuições representam importante mudança na orientação geral da teoria administrativa, ao promoverem o gradual abandono da ideia de uma teoria "científica" de administração de caráter geral, total ou universal. O termo "integrativa" destaca, também, o fato de que as teorias que constituem essa abordagem caracterizam-se por focar tanto os aspectos estruturais das organizações e seus processos de trabalho quanto a dimensão humana e social. Integram, portanto, contribuições encontradas nas duas perspectivas anteriormente destacadas: a estrutural e a humana.

Ao final da leitura do capítulo, esperamos que você, caro leitor, compreenda:

❑ a nítida separação que começou a se delinear, no final dos anos 1950, entre os princípios e modelos da administração

clássica e científica estudados anteriormente e os da gestão mais contemporânea;
- as bases filosóficas e conceituais que fundamentaram as transformações dos modelos gerenciais e organizacionais e sua estreita vinculação com os processos sociais, políticos, econômicos e tecnológicos ocorridos nos ambientes sociais;
- a relevância prática dos modelos conceituais tratados neste capítulo para o desempenho profissional e para a melhoria das competências de análise e ação essenciais para a eficácia gerencial.

Selecionamos os seguintes conteúdos principais para serem estudados neste capítulo:

- organizações como sistemas sociotécnicos;
- teoria geral de sistemas e análise estrutural-funcional;
- teoria contingencial de administração;
- gestão estratégica.

A importância de estudarmos essas contribuições reside na sua atualidade e aplicabilidade, no que diz respeito à compreensão das abordagens mais contemporâneas de gestão, que serão examinadas no próximo capítulo. Essas teorias foram produzidas entre os anos de 1950 e 1975, aproximadamente, e exibem como denominador comum a integração entre as organizações, os indivíduos, o ambiente e a tecnologia.

Contexto e filosofia das abordagens integrativas

Como você já deve ter percebido, a teoria administrativa não existe no vácuo. Ela é uma variável dependente dos processos tecnológicos, econômicos, políticos e sociais dominantes no ambiente social, os quais demandam respostas práticas e objetivas das organizações que compõem os nossos sistemas de produção.

Entre o final da II Guerra Mundial, em 1945, e meados da década de 1950, o mundo experimentou um enorme surto de crescimento econômico decorrente, sobretudo, da dinamização das capacidades industriais instaladas. Todo o desenvolvimento tecnológico obtido no período da guerra foi rapidamente convertido em novos bens e serviços à disposição das sociedades: tanques de guerra se transformariam em carros de passeio, veículos de carga, geladeiras e novos utensílios domésticos; a tecnologia de comunicação gerou os televisores, aparelhos de som, sistemas avançados de telefonia, entre tantas outras inovações. Os caças e jatos militares deram origem aos novos equipamentos da aviação civil e até mesmo a bomba atômica contribuiu para o progresso da sociedade, à medida que os estudos realizados para o seu desenvolvimento viabilizaram o uso das novas fontes de energia nuclear.

Os grandes vencedores da II Guerra Mundial — os Estados Unidos e a ex-União Soviética — dividiram, na Conferência de Yalta, o mundo em áreas de influência geopolítica e, na segunda metade do século XX, as sociedades industriais consolidaram dois importantes sistemas de produção: os sistemas de mercado e os de produção estatal. Os Estados e o poder público assumiram também importantes papéis de organização e regulação dos sistemas produtivos.

As burocracias, como formas ideais de produção nas sociedades industriais, tal como previsto por Max Weber no início do século, se impuseram como realidades dominantes e estabeleceram novos e crescentes desafios de gestão, na medida em que os nossos sistemas administrativos atingiram escalas, tecnologias, competências de produção e complexidades jamais imaginadas.

Nas economias de mercado, ocorreu o aumento da competição, sobretudo pela introdução de novos produtores de bens e serviços, a consolidação gradual dos sistemas políticos das democracias liberais e o reconhecimento crescente dos direitos das minorias. Movimentos culturais importantes nas artes, na literatura, na música, na religião e movimentos políticos contra a segregação racial, o colonialismo e o subdesenvolvimento desafiaram, de modo definitivo, a lógica mecanicista das teorias de gestão e das organizações fechadas, então vigentes.

Do mesmo modo, na esfera dos sistemas de produção estatal ou do socialismo real, surgem os primeiros sintomas de inadequação da lógica dos mecanismos de comando centralizado que irão determinar o desmantelamento dessas formas de produção nos anos 1980 (França, 2004).

Alguns outros aspectos importantes devem ser considerados para o surgimento das abordagens integrativas da gestão: primeiro, a predominância quase universal das formas de produção surgidas com a Revolução Industrial e, em consequência, o caráter tão industrialista e mecanicista da teoria gerencial mais ortodoxa; segundo, os saltos e os ganhos contínuos propiciados pelo desenvolvimento científico e tecnológico e sua transformação, por meio de processos cada vez mais velozes, em novos bens e serviços colocados no mercado. A ocorrência simultânea desses dois processos, até certo ponto independentes, estabeleceu novas exigências de mudança, transformação e adaptação contínua às quais nossas organizações precisaram responder.

O surgimento de novos sistemas globais de comunicação e a consolidação das sociedades de consumo de massa contribuíram para a expansão dos sistemas de produção de bens e serviços, abrangendo tanto as organizações privadas quanto as do setor governamental, o que, por seu turno, determinou novas exigências de desenvolvimento do conhecimento e das práticas gerenciais.

As abordagens integrativas foram também importantes iniciativas para a superação de, pelo menos, quatro limitações presentes nos modelos gerenciais clássicos de orientação mais mecanicista, a saber:

- limites dos ideais racionais — a concepção das organizações como máquinas, capazes de funcionar de modo harmônico, arranjado por meio de uma inter-relação perfeitamente predeterminada de suas partes, não se revelou adequada aos sistemas de produção crescentemente complexos e dos quais se passou a exigir grandes competências de coordenação, integração e implementação de processos de mudança rápida e constante (Morgan, 2002);
- limites da eficiência dos modelos burocráticos — não obstante a grande contribuição dos modelos burocráticos para a consolidação dos sistemas de produção industrial, sua implementação gerou inúmeros processos perversos de burocratização, complicações desnecessárias, descaminhos administrativos e operacionais exaustivamente examinados na literatura gerencial (De Masi, 2003; Motta, 2001);
- limites das autonomias organizacionais — o desenvolvimento acelerado das organizações ao longo do século XX determinou o surgimento também de inúmeros mecanismos de controle e regulação social, estabelecidos pelos sistemas políticos de governança nacionais e internacionais, que iriam, de um lado, afetar a autonomia dos sistemas organizacionais e, de outro, determinar que as organizações, para sobreviver, desenvolvessem novas competências de relacionamentos e de ajustes permanentes às novas e intermináveis demandas de seus ambientes (Bresser-Pereira, 1996);
- limites dos recursos naturais — a crise do petróleo, vivida nos anos 1970, pode ser considerada um marco significativo de uma nova consciência e tomada de posições relativamente ao uso mais parcimonioso dos recursos naturais escassos e a garantia da sua disponibilidade para as gerações futuras. A questão ambiental em suas múltiplas manifestações passou a representar desde então, e cada dia mais, um severo limite operacional ao qual estão submetidas todas

as organizações, obrigando-as, em consequência, a adotarem em seus processos de gestão diversas outras lógicas e procedimentos, além dos aspectos internos da produção e do trabalho.

Finalmente, ao terem promovido uma ruptura com as visões mais "científicas" ou "racionais" de gestão, essas novas abordagens constituíram o pilar das orientações mais modernas do planejamento e da gestão estratégica, onde a operação e a experiência do dia a dia produzem relevantes orientações estratégicas para nossas organizações (Mintzberg, 2000).

Após examinar o contexto que determinou o surgimento dessas novas abordagens gerenciais, devemos estar mais preparados para perceber a importância de seus conteúdos, sua aplicabilidade e seus limites para a análise e ação gerencial dos nossos dias.

As organizações como sistemas sociotécnicos

Nossas sociedades se desenvolveram, e nossas organizações cresceram em complexidades e especializações. Essa equação que hoje pode parecer bastante óbvia serviu, na década de 1950, como ponto de partida para um importante conjunto de estudos e pesquisas organizacionais aplicadas, voltadas para compreender a natureza e os conteúdos das relações entre os ambientes sociais e as organizações.

Conforme esses estudos avançaram, verificou-se que os padrões organizacionais não dependiam somente de abstratos critérios técnicos racionais, mas se encontravam fortemente relacionados com as realidades dos sistemas sociais em que estavam inseridos. Com base nessas verificações, as teorias de gestão passaram a trabalhar simultaneamente com diversos tipos de estruturas e concepções organizacionais.

Outro ponto importante: as organizações não somente exercem um grande impacto sobre os seus ambientes, como são também por eles afetadas, podendo tornar-se mais ou menos favoráveis aos desafios de adaptação e sobrevivência. Em compensação, se um número elevado de organizações não conseguisse ser eficaz, o próprio sistema social seria negativamente afetado, e organizações mais eficazes são importantes instrumentos para melhoria do desempenho social mais amplo (Parsons, 1951).

Existem inúmeros outros desdobramentos dessas abordagens e que estão relacionados, pelo menos, com duas questões principais: primeiro, diferenças culturais entre grupos ou setores de organizações, e mesmo entre países ou sociedades, e seus impactos nos sistemas de desempenho e gestão; segundo, diferentes padrões de relações entre as organizações e os sistemas políticos, caracterizando-se uma variedade de formatos de exercício do poder, tanto nas organizações quanto nos sistemas sociais em que estão inseridas (Morgan, 2002; Mintzberg, 2000).

É preciso relembrar que esses conteúdos conceituais foram produzidos no início da construção das teorias de gestão, que buscavam a flexibilização e a adaptação das estruturas organizacionais aos desafios das mudanças sociais, políticas, econômicas e tecnológicas. Por essa razão, Motta caracterizou as contribuições dessa fase como uma primeira etapa dos processos de flexibilização, em que o componente estrutural das organizações passa a ser percebido como um mero instrumento de ação dinâmico "que incorporasse as variações produzidas tanto pelo sistema social, técnico e interno, quanto pelas provocações ambientais" (Motta, 2001:112).

Contribuições das mais consistentes desse período são os estudos de Eric Trist e Banforth (Trist, 1981), em que as organizações foram analisadas a partir da relação entre as necessidades de eficiência técnica e as necessidades das pessoas que nelas trabalham. O estudo inicial examinou as consequências sociais e psicológicas no ambiente de trabalho decorrentes de uma tentativa de mecanização da mineração de carvão, na Inglaterra, no final da década de 1940, por meio somente da introdução de uma nova tecnologia destinada a aumentar a produção.

Seguiram-se inúmeros outros estudos tratando os processos de mudança organizacional de modo integrado, no qual se observava a complementaridade dos aspectos sociais e técnicos envolvidos. O componente social inclui os aspectos comportamentais e culturais que orientam a atuação dos grupos ou equipes de trabalho nas organizações e influenciam o seu desempenho. O componente técnico inclui os sistemas de produção, as tecnologias de processo, a organização do trabalho e a distribuição, entre outros a eles relacionados. A estrutura representa o suporte institucional e gerencial que integra as capacidades sociais e técnicas da organização para realização dos objetivos e metas de produção.

O principal aprendizado desse estudo foi a necessidade de buscar a otimização conjunta dos componentes sociais e técnicos de uma organização na gestão dos processos de mudança e inovação. Assim, a desconsideração dos aspectos humanos, as rupturas dos padrões sociais preexistentes e as alterações repentinas de sistemas de trabalho podem provocar toda sorte de resistências e, em consequência, impedir ou frustrar a implantação das inovações desejadas. Por outro lado, um processo de mudança que considerasse apenas a satisfação de necessidades sociais, independentemente de sua viabilidade técnica, também estaria fadado ao fracasso.

Os resultados desses estudos, passados mais de 50 anos, podem parecer óbvios. É importante, porém, ressaltar que eles serviram de referência para muitos outros estudos e pesquisas relativos à implementação de projetos de mudança, satisfação de necessidades individuais e organizacionais, trabalhos de grupos, liderança, participação e envolvimento dos trabalhadores, entre outros. Daft ressalta a utilidade prática dessa abordagem como fundamento de mudanças que ocorreram em numerosas organizações, entre as quais a GM, a Volvo, a TVA e a Procter & Gamble (Daft, 2003).

Morgan (2002) contextualiza para os nossos dias a importância dessa abordagem para a gestão contemporânea, ao examinar alguns fracassos da reengenharia como processo de mudança organizacional: "ao colocar mais ênfase no planejamento dos sistemas técnicos como chave da mudança, a maioria dos programas de reengenharia mobilizou todo tipo de resistência social, cultural e política que minaram sua eficiência" (Morgan, 2002:59).

Motta (2001) destaca a importância da abordagem sociotécnica para a compreensão das questões de flexibilidade organizacional e apresenta a atualização dessa contribuição na literatura gerencial contemporânea.

Finalmente, cabe fazer uma importante conexão da contribuição do Tavistock Institute com a abordagem da teoria geral de sistemas que estudaremos em seguida: eles, corretamente, trataram as organizações como sistemas sociotécnicos abertos, cuja continuidade depende de adaptações aos seus ambientes, e identificaram o caráter cíclico e evolucionário dos processos de mudanças e transformação nos sistemas sociais — a mudança em qualquer parte de um sistema gera outras mudanças no ambiente social maior, o que, por seu turno, provoca novas demandas de transformação social.

As organizações como sistemas abertos

Em 1956, Kenneth E. Boulding publicou um importante artigo — "Teoria geral de sistemas" —, no qual formulou um modelo conceitual destinado a integrar, de modo científico, todo o conhecimento humano, organizado nas diversas disciplinas específicas (física, química, biologia, economia, sociologia), que permitisse aos especialistas de cada disciplina manter uma comunicação entre os diversos campos do conhecimento e explorar as possibilidades de atuação conjunta e interdisciplinar.

Metodologicamente, Boulding sugeriu duas abordagens importantes para consecução da tarefa: trabalhar com as dinâmicas de ação e interação próprias de cada campo do conhecimento e construir uma espécie de estrutura ou hierarquia de sistemas, relacionada às complexidades dos conjuntos de conhecimento. Os sistemas humanos, nos quais se incluem as organizações e os sistemas gerenciais, foram tratados na hierarquia proposta.

Não obstante tenha reconhecido, já na formulação inicial, que, em relação às estruturas vitais dos sistemas abertos com capacidade de permanência e transformação, dispusesse somente de rudimentos teóricos, o autor fez importantes considerações quanto a particularidades dos sistemas humanos e sociais, as quais tiveram grande importância para o desenvolvimento das teorias contemporâneas de gestão: "o fato (...) de que nós mesmos somos o sistema que estamos estudando nos permite fazer uso de sistemas que realmente não compreendemos" (Boulding, 1956:207). Ele sugeriu que tal fenômeno representava um conhecimento real e era a fonte das realizações criativas do ser humano como artista, escritor, arquiteto ou compositor.

Adicionalmente, o autor dedicou a parte final de seu importante artigo para sugerir algumas implicações da teoria geral de sistemas (TGS) para o campo da administração, as quais se revelam de extraordinária atualidade:

> Esta nova disciplina representa uma importante separação dos modelos mecanicistas na teoria de organização e controle. A

ênfase na comunicação dos sistemas e na estrutura organizacional, nos princípios da homoestasia e do crescimento, e nos processos decisórios sob condições de incerteza nos levará muito além dos modelos ora existentes, mesmo os de 10 anos atrás (...) e está fadada a produzir sistemas mais poderosos e consistentes.

(Boulding, 1956:208)

A teoria geral de sistemas teve enorme impacto em todos os campos das ciências sociais. Nos estudos organizacionais, que se caracterizam por serem essencialmente aplicados, essas novas ideias talvez tenham encontrado muito mais eco e oportunidades de experimentação. Em seguida, estudaremos algumas das principais contribuições produzidas na linha da abordagem integrativa.

Antes, entretanto, precisamos examinar outra importante ferramenta analítica que também utilizou a abordagem de sistemas e foi, de modo geral, estudada e aplicada em conjunto com a TGS: a análise estrutural funcional (AEF), de Parsons. Podemos tratá-la como um complexo sistema de análise de sistemas sociais mais amplos, originária do campo da sociologia e voltada para a construção de uma "teoria de ação" (Parsons, 1951). Uma das grandes contribuições proporcionadas pela integração dessas duas abordagens para a gestão é que elas favoreceram a cooperação de diversos campos do conhecimento nos estudos e processos organizacionais.

Parsons propôs quatro *funções essenciais* ou *requisitos fundamentais* para que um sistema social continue em funcionamento:

❑ adaptação — ajustamento permanente às demandas do ambiente;
❑ alcance de objetivos — fixação e implementação de metas;

- integração — processos destinados a garantir a unidade das diversas partes que compõem um determinado sistema;
- manutenção — continuidade e transmissão de valores para novos participantes.

Para Parsons e seus seguidores, todo sistema social é relativamente aberto, integra um sistema mais amplo e se mantém em constante interação com os seus ambientes. Essa relação dinâmica assegura a captação dos recursos necessários (*inputs*/energias), essenciais para viabilizar os processos sob responsabilidade do sistema (*thruputs*/*outputs*). O ajustamento permanente às demandas ambientais e o processamento adequado das informações (*feedback*/avaliação) recebidas permitem ao sistema enfrentar com êxito (entropia negativa) as ameaças de desintegração ou ruptura.

Katz e Kahn (1966) focalizaram as *funções* ou *requisitos* propostos por Parsons especificamente para a análise dos problemas e do desempenho dos sistemas organizacionais, criando, em consequência, novos e importantes instrumentos e ferramentas de ação gerencial, tanto no que diz respeito às operações e padrões de desempenho dos setores e subsistemas internos das organizações, quanto no que se refere às múltiplas e complexas relações das organizações e seus subsistemas com os ambientes em que estiverem inseridas.

Entre os principais postulados da teoria dos sistemas, destacam-se os relacionados a seguir.

- Os sistemas existem dentro de outros sistemas. Por exemplo, as moléculas existem dentro de células, estas constituem os tecidos, que por sua vez formam os órgãos e assim sucessivamente. Nada existe isolado. Todo sistema possui subsistemas e representa, ao mesmo tempo, parte de um supersistema.

❑ Os sistemas são abertos. Cada um recebe e exerce influências nos sistemas contíguos. Se esse intercâmbio cessa, o sistema se desintegra.
❑ As funções de um sistema dependem de sua estrutura.

O conceito de sistema, incorporado aos estudos organizacionais, está relacionado à ideia de um conjunto de elementos interligados para formar um todo. A perspectiva sistêmica destaca a necessidade de que a organização seja administrada como um todo complexo, considerando-se que as propriedades do todo não estão presentes em nenhuma de suas partes quando tomadas isoladamente.

Os três pontos básicos da teoria geral de sistemas aqui reproduzidos podem ser assim aplicados à administração:

❑ os sistemas existem dentro de outros sistemas — cada organização pode ser vista como um sistema, constituído de diversos subsistemas (seus setores ou departamentos). Por sua vez, ela compõe um sistema maior, ou supersistema, o qual é constituído pelo conjunto de pessoas e instituições externas com as quais se relaciona;
❑ os sistemas são abertos — uma organização mantém uma interação dinâmica com seu meio ambiente. Assim como ocorre em um organismo vivo, que precisa retirar do meio ambiente insumos para sua sobrevivência (oxigênio, alimentos etc.), as organizações dependem do aporte de recursos financeiros, da absorção de pessoas e aquisição de materiais, entre outros, para funcionar. Após processarem os insumos absorvidos, as organizações colocam no meio ambiente o fruto de seu trabalho, tal como ocorre com os organismos vivos. Ou seja, há uma constante troca de influências entre um sistema aberto e seu meio ambiente externo;
❑ as funções de um sistema dependem de sua estrutura — a estrutura de uma organização é, como sabemos, de funda-

mental importância para seu funcionamento. Dela dependerá a capacidade da organização de responder às demandas ambientais. É verdade que, muitas vezes, encontramos organizações com estruturas completamente dissociadas de suas funções. Essa é uma anomalia que precisa ser corrigida para que se alcance maior eficácia.

De acordo com essa abordagem, portanto, as organizações precisam ser vistas como sistemas abertos, que trocam influências com seu meio ambiente. O bom entendimento dos problemas e potencialidades de uma determinada organização não pode ser alcançado senão pela análise de sua inserção no ambiente externo (supersistema) e de seus subsistemas internos.

Imaginar e trabalhar os processos gerenciais com base nos conceitos de fluxos de energia/recursos que ocorrem por meio de trocas dinâmicas entre todos os componentes do sistema interno, e também destes com seus ambientes externos, permitiu a evolução da teoria gerencial, do modelo e do pensamento burocrático para aqueles mais adequados ao planejamento e à gestão estratégica, que serão estudados no próximo capítulo. Permitiu, também, relacionar as funções e os papéis desempenhados pelos componentes do sistema, até o indivíduo, e verificar o grau de alinhamento com os objetivos e metas do sistema e sua efetiva contribuição para o desempenho final do próprio sistema organizacional.

Podem ser listadas as seguintes características básicas de uma organização como sistema aberto (Katz e Kahn, 1966):

❏ *importação* (entradas) — a organização não é autossuficiente, necessitando receber insumos do ambiente para funcionar;
❏ *transformação* (processamento) — como todo sistema aberto, a organização reorganiza as entradas, transforma os insumos em produtos acabados ou serviços;

- *exportação* (saídas) — a organização exporta produtos e serviços para o meio ambiente;
- *ciclos de eventos* — o funcionamento da organização consiste em ciclos decorrentes da importação-transformação-exportação;
- *entropia negativa* — entropia representa a tendência natural à perda do vigor, ao desgaste, à morte, encontrada em todos os sistemas vivos. Nos sistemas organizacionais, o desgaste é também uma tendência natural, na medida em que qualquer arranjo produtivo perde seu vigor com o passar do tempo se não for constantemente atualizado. Ao contrário do que ocorre nos sistemas biológicos, porém, a morte pode ser evitada. Chamamos, portanto, de entropia negativa as ações desenvolvidas no sentido de promover a constante renovação dos procedimentos administrativos, das linhas de produtos, dos serviços ofertados, das estratégias de abordagem dos clientes e de outras ações que contribuam para que a organização não caia em um processo de obsolescência;
- *informação como insumo, retroação negativa e processo de decodificação* — além dos insumos que são transformados em produtos e serviços, a organização recebe entradas de caráter informativo sobre o ambiente e seu próprio funcionamento em relação a ele. Esse processo, denominado *feedback*, é de extrema importância para o bom desempenho organizacional;
- *estado firme e homeostasia dinâmica* — a organização precisa equilibrar a necessária adaptabilidade às mudanças ambientais com a preservação de alguns condicionantes internos constantes. Um exemplo que pode contribuir para o entendimento dessa questão é o que ocorre com os fabricantes de chocolate, cujas vendas no mês da Páscoa são 10 vezes maiores do resto do ano. É claro que não seria viável

multiplicar por 10 a produção naquele período. Com isso, adota-se uma estratégia de distribuir o excedente de produção ao longo dos meses anteriores, trabalhando com um estoque para atender às necessidades da época da Páscoa. Esse é um mecanismo homeostático, que impede que uma forte variação em um fator externo traga um desequilíbrio ao sistema. Deve-se destacar, no entanto, que é preciso cuidado para que os mecanismos homeostáticos não acabem por tornar a organização resistente às influências externas, dificultando a adaptação às mudanças que ocorrem no ambiente. Daí a importância da expressão "dinâmica" qualificando a homeostase desejada;

- *diferenciação* — como todo sistema aberto, a organização tende à diferenciação, ou seja, à substituição dos padrões difusos e globais por funções mais especializadas, hierarquizadas e diferenciadas;
- *equifinalidade* — de acordo com esse princípio, um sistema pode alcançar, por uma variedade de caminhos, o mesmo estado final, partindo de diferentes condições iniciais. Existe mais de um modo para se alcançar um determinado resultado, mais de um meio para a consecução de um objetivo;
- *limites ou fronteiras* — sendo um sistema aberto, a organização possui limites ou fronteiras que delimitam seu espaço interno em relação ao ambiente, bem como definem sua esfera de ação e seu grau de abertura, de receptividade, em relação ao meio ambiente.

A cultura organizacional é outro aspecto que merece destaque na teoria sistêmica. Toda organização cria sua própria cultura e seu próprio clima organizacional. A cultura reflete tanto os valores incorporados pelo sistema formal, aquele instituído oficialmente, pelos mecanismos de poder burocrático, quanto sua reinterpretação pelo sistema informal, aquele surgido espontaneamente das relações sociais. A cultura exerce notável influência no comportamento dos membros da organização. Os novos membros são logo "doutrinados" a cumprir ritos e preservar valores. Este é um dos aspectos mais estudados por consultores e pesquisadores em trabalhos de desenvolvimento organizacional.

Katz e Kahn (1966) apontam alguns dilemas típicos das organizações de trabalho. Tais dilemas indicam problemas que deveriam ser considerados na definição de modelos de gestão, para que possam ser minimizados:

- a grandeza organizacional e o pesadelo da totalidade: as estruturas burocráticas tendem a buscar a grandiosidade e a inclusão cada vez maior de todas as áreas da existência humana, podendo levar ao esmagamento das personalidades individuais;
- despersonalização e fragmentação: tendo de desempenhar diferentes papéis nas diversas organizações de que participa, o indivíduo acaba por perder em parte sua autoidentidade;
- declínio da moralidade: o crescimento da fragmentação do trabalho leva as pessoas a se afastarem de um código moral comum, provocando o declínio da moralidade e o surgimento dos valores sociais minoritários;
- restrição de informação na tomada de decisões: um dos maiores problemas organizacionais seria, na percepção dos autores, o conflito entre as expectativas democráticas das pessoas, seu desejo de participação e informação e as oportunidades efetivamente oferecidas neste sentido.

Na parte final deste capítulo, voltamos a examinar de forma integrada a complementaridade e permanência dessas abordagens na pesquisa e na prática gerencial contemporânea. Na próxima seção, estudamos a contribuição da teoria contingencial, que já responde aos desafios das transformações econômicas e tecnológicas que se iniciaram nos anos 1970 e estão, no momento atual, refletidas nos processos de internacionalização e globalização da economia.

Teoria da contingência

O conjunto de estudos e pesquisas que compõem a chamada teoria contingencial começou a ser produzido nos anos 1960. Tais estudos podem ser considerados um refinamento das abordagens sociotécnicas e de sistemas para lidar com a complexidade crescente dos sistemas produtivos e das organizações, em decorrência, sobretudo, das transformações tecnológicas dos anos 1970. Nesse período, estabeleceram-se a crise definitiva dos modelos organizacionais verticais, a transformação do capitalismo industrial e o início da formação das redes empresariais tão emblemáticas da economia e das organizações do século XXI (Castells, 2003).

Os modelos organizacionais não podiam mais refletir somente as lógicas dos processos produtivos existentes. O aumento da competitividade, a atualização efetuada, sobretudo pelos japoneses, nos formatos organizacionais e nas linhas de produção e os novos paradigmas tecnológicos exigiram cada vez mais diferenciação e especialização, conforme os requisitos dos ambientes em que estão inseridos (Lawrence e Lorsch, 1967).

A velocidade das mudanças externas aumenta a interdependência e a necessidade de as organizações se tornarem mais flexíveis, quer seja para lidar com incertezas externas ou para promover os ajustes internos necessários (Aldrich, 1979).

O termo "contingência" pode ser mais facilmente entendido e mais acertadamente aplicado às questões gerenciais práticas se o associarmos às ideias de adequação e ajuste permanente das estruturas organizacionais aos seus ambientes externos. Assim, o que funciona bem na organização A pode não servir para B. A literatura gerencial contemporânea está repleta de registros em que até mesmo as experiências e o sucesso de métodos gerenciais aplicados por um executivo na empresa A não são passíveis de repetição automática, nem mesmo pelo seu próprio autor, em outras situações ou ambientes.

Uma consequência mais ou menos óbvia dessa realidade é que não dispomos de modelos ou receitas organizacionais que sejam adequados a todas as situações. Cada problema ou desafio gerencial será resolvido diante da necessidade da situação ou da "contingência". Dentro de uma mesma empresa, normalmente encontraremos situações ou contingências absolutamente diferentes que exigirão abordagens e soluções diferenciadas e, em consequência, modelos de gestão também distintos.

Imaginemos agora um grande banco comercial e vejamos alguns de seus subsistemas operacionais. O subsistema de agências poderá funcionar de modo eficiente com base em critérios mais previsíveis, burocráticos e mecânicos. Em contrapartida, os subsistemas de tecnologia ou de novos negócios certamente requerem modelos de estrutura, gestão, fluxos de comunicação etc. muito mais flexíveis diante das incertezas ambientais e das inovações tecnológicas.

Por isso, leitor, os conteúdos que estamos aqui estudando têm uma enorme relevância prática. O que a complexidade das nossas organizações nos está sugerindo é que o gestor contemporâneo precisará usar, de modo complementar, alternativo e, até mesmo, paradoxal, cada um dos conhecimentos gerenciais produzidos, conforme a natureza da situação a ser gerenciada. Você pode estar se sentindo confuso e até, com certa razão, percebendo o quanto isso complica nossa função gerencial. Mas esta é a realidade do mundo e dos sistemas produtivos de nossos dias (Morgan, 2002).

Do ponto de vista prático, você, leitor, já deve ter percebido como o estudo da teoria contingencial é importante para as práticas gerenciais de nossos dias e para o desenvolvimento dos modelos emergentes que estudaremos no próximo capítulo. Você deve igualmente ter percebido o quanto a teoria contingencial integra os conteúdos anteriormente estudados e o quanto ela distancia a teoria organizacional dos aspectos mais dogmáticos e limitados das abordagens clássicas e mecanicistas no mundo organizacional. Agora estamos mais preparados para examinar as principais referências acadêmicas dessa vertente.

Existe uma ampla gama de contribuições que compõem o núcleo da chamada teoria contingencial, as quais podem ser analisadas e integradas de diferentes formas, conforme os objetivos dos textos e estudos. Neste capítulo, vamos examinar sumariamente a contribuição de apenas quatro autores principais, suficientes para dispormos de um quadro conceitual relevante e integrado, imprescindível para a compreensão dos modelos emergentes que estudaremos no próximo capítulo.

Na Inglaterra, na década de 1960, uma pesquisa com 20 empresas industriais estudou a relação existente entre o ambiente externo e a estrutura das organizações. Por exemplo, uma indústria de tecelagem adotava modelos muito mais mecânicos de organização do que um fabricante de rádios e televisores; em compensação, uma indústria no então nascente setor da eletrônica precisava ser muito mais orgânica.

Assim, nas situações em que predominam condições de estabilidade, possibilidade do uso de regulamentos e regras padronizadas e definição clara de hierarquia prevalecem modelos mais mecanicistas. Em contrapartida, em condições de instabilidade, mudanças rápidas e transformações, que exigem mais descentralização, delegação, trabalho em equipe e comunicação mais horizontal, temos modelos estruturais mais orgânicos (Burns e Stalker, 1961).

O quadro 1 sumariza as características essenciais dos dois modelos e reflete também as possibilidades objetivas de inúmeros outros modelos intermediários.

Quadro 1
FORMAS ORGANIZACIONAIS

Características básicas de cada abordagem	Mecânica	Orgânica
Ambiente	Estável	Instável
Tarefa	Padronizada	Mutável/emergente
Controle	Regras e regulamentos	Maior fluidez
Autoridade	Centralizada	Descentralizada
Participação	Obediência	Solução de problemas
Comunicação	Vertical	Informal/mais horizontal

O conhecimento da relação entre mudança tecnológica e instabilidade ambiental e seus impactos na estrutura organizacional foi ampliado por meio de nova pesquisa, envolvendo outras 100 empresas fabris de Essex, Inglaterra. Estruturas, controles, estilos de gestão, incentivos, processos de comunicação e de produção foram pesquisados, quantificados e relacionados com a complexidade técnica dos processos produtivos (Woodward, 1965).

A autora classificou três grandes processos de produção — pequenos, de massa e contínuos —, os quais foram diferenciados em função das tecnologias envolvidas, de "baixa" para "alta" complexidade técnica. Para maior clareza da análise, esses três macroprocessos foram adicionalmente subdivididos em 10 sistemas de produção diferenciados, verificando-se, contudo, que alguns processos típicos do sistema *b* pudessem apresentar as características estruturais e tecnológicas dos sistemas *a* e *c* (Daft, 2003).

O exame da relação entre tecnologia e as estruturas organizacionais identificou que as empresas de produção em massa e em grandes lotes do tipo linha de montagem (sistema *b*), típicas dos sistemas industriais, tinham características estruturais mais "mecânicas", enquanto as integrantes dos sistemas *a* e *c*, não obstante as diferenças de padrão tecnológico, tendiam a ser mais "orgânicas" e, portanto, mais flexíveis e adaptáveis.

A atualidade desse estudo pode ser verificada se utilizarmos suas conclusões para compreender e analisar o desafio e a crise que as empresas altamente burocratizadas e verticalizadas ainda enfrentam, desde os anos 1970, para se adaptar às mudanças que ocorreram nos sistemas tecnológicos e de produção, as quais demandam modelos muito mais flexíveis e orgânicos, como veremos no próximo capítulo. Por outro lado, a natureza mais "orgânica" dos pequenos (sistemas *a*) explica a grande capacidade que algumas dessas organizações exibem de adaptação às mudanças que surgiram com a internacionalização da economia e a reorganização dos sistemas de produção nos anos 1990 (Castells, 2003).

Outra importante contribuição dessa abordagem é o exame de como as mudanças ambientais afetam de modo diferenciado os subsistemas organizacionais. Por exemplo, em uma mesma organização, o subsistema *a* pode trabalhar em condições de estabilidade ou previsibilidade muito maiores que os subsistemas *c* ou *d*. Essa realidade produz consequências e desafios de integração entre diferentes partes de uma mesma organização, com desafios de alinhamento e integração altamente complexos. Os setores de produção, pesquisa e vendas examinados em 10 empresas revelaram que cada um tinha sua dinâmica operacional estabelecida em função das relações com os ambientes externos, gerando, em consequência, culturas, métodos e formas de recrutamento bastante diferenciados (Lawrence e Lorsh, 1967).

Nas empresas privadas, é clássico o constante conflito entre os setores de finanças e produção, ou então entre este último e a área de mercado ou vendas. No setor público, em geral, assistimos às áreas de logística, de planejamento, orçamento e finanças funcionarem aparentemente muito mais isoladas das pressões ambientais do que as de infraestrutura e as sociais. Uma consequência dessa realidade será a multiplicidade de clientes de uma mesma organização: cada subsistema tende a orientar-se para as suas clientelas específicas, não raro em detrimento do todo.

Julgamos importante introduzir aqui uma variante contingencial que será aprofundada ao estudarmos a teoria crítica, no próximo capítulo: trata-se de um grupo importante de autores que afirmam ser preciso considerar também a intensidade com que as organizações buscam alterar os seus ambientes, tornando-os mais compatíveis com os seus interesses (Perrow, 1972).

Como estudamos até aqui, as abordagens integrativas não renegaram nenhuma das contribuições dos estudiosos que as precederam e produziram importantes sínteses entre ideias que eram só aparentemente opostas, com o objetivo de contribuir para a eficácia das organizações e para o aprofundamento do entendimento do fenômeno organizacional que se tornou muito mais complexo ao longo do século XX. Assim, chegamos à parte final deste capítulo, em que estudamos os modelos de gestão estratégica representados, sobretudo, pela necessidade de ajustamento das estruturas organizacionais às ameaças e oportunidades existentes em seus ambientes.

Gestão estratégica

O uso e a aplicação do conceito de estratégia na literatura gerencial tem se generalizado à medida que aumentam os desafios e exigências de mudanças, transformações e ajustamentos dos sistemas de produção e gestão, diante de novas situações sociais, políticas, econômicas ou tecnológicas. O conceito de estratégia tem sido usado de modo tão intenso e genérico que pode ter chegado a hora de examinar se encontramos nele a essência e relevância da administração, ou se estamos diante de mera redundância qualificativa, perfeitamente dispensável (Motta, 2001).

As definições conceituais destinadas a facilitar a compreensão desse campo de estudos, disponíveis na literatura administrativa, parecem não resistir aos testes de relevância, em face das realidades operacionais de nossas organizações. Talvez por isso mesmo, um número crescente de autores opta por definir estratégia de forma ambígua e multifocada: "(...) é um Plano (...) curso de ação para o futuro (...) um Padrão (...) comportamento passado (...) uma Posição (...) no mercado (...) uma Perspectiva (...) grande visão da empresa (...) e um Truque (...) enganar um concorrente" (Mintzberg, 2000:20).

Outro aspecto importante dessas definições diz respeito à relação entre estratégia e plano: normalmente, a ideia de plano nos conduz a valorizar antecipação, previsão, identificação racional e lógica de oportunidades ou cenários desejáveis; entretanto, a realidade nos mostra que nenhum plano é realizado como foi previsto. A literatura e a prática gerencial reconhecem que uma parcela significativa de realizações em qualquer sistema organizacional surge da própria ação administrativa e gerencial. Por isso mesmo, é fundamental entendermos o estudo e a prática da estratégia "como conjunto de decisões fixadas em um plano ou emergentes do processo organizacional que integra missão, objetivos e sequência de ações administrativas num todo interdependente" (Motta, 2001:82).

É importante termos bem claro que as concepções de planejamento como modelo ou referencial teórico para ação sempre constituíram um componente fundamental no processo de implantação das sociedades industriais. Seus instrumentos modernos foram, em larga escala, desenvolvidos, primeiro, nos "laboratórios" do antigo Estado soviético, desde o final da década de 1920, e posteriormente adaptados para as diferentes realidades institucionais das economias capitalistas. Em consequência, encontraremos nas abordagens originais de planejamento um forte viés de comando central e de hierarquia, compatível com os modelos organizacionais dominantes. Essa foi a forma clássica, largamente copiada pelo mundo empresarial norte-americano na década de 1960 (França, 2004).

Após longas resistências, com destaque para as de natureza ideológica que propugnavam um conflito de princípios entre planejamento e sistema de mercado (Lafer, 1975), o planejamento foi gradualmente incorporado nas economias capitalistas por meio de três principais ocorrências históricas: a necessidade da interferência dos governos na economia, sobretudo para correção das distorções de mercado e superação das crises cíclicas de desemprego, nos moldes propostos por Keynes, a partir da crise dos anos 1930; os processos de recuperação da Europa, especialmente França, Inglaterra e Alemanha, após o término da II Guerra Mundial (Plano Marshall); e as teorias de desenvolvimento econômico e social dos anos 1950, com ênfase na industrialização dos países menos desenvolvidos.

Foi o êxito relativo dessas experiências e também o da industrialização soviética que, muito provavelmente, conduziu as grandes empresas norte-americanas às experiências de formulação e planejamento estratégico nas décadas de 1960 e 1970. Já se dispunha, então, de importantes instrumentos operacionais para fazer orçamentos e alocação de recursos, modelos econométricos, análise matricial, programação linear, informações e estatísticas, entre outros, indispensáveis à previsão e à intervenção em sistemas sociais e organizacionais. As diferenças aparentes entre os sistemas de produção capitalista e socialista não impediram o compartilhamento de objetivos comuns de controle e direção centralizada dos sistemas de produção, para procurar aumentar seus níveis de eficiência (Lafer, 1975).

Se tomarmos, por exemplo, as consistentes críticas que Mintzberg (2000) produz em relação à burocratização, idealização, centralização e formalização dos processos de planejamento prescritivo, característico das escolas estratégicas dominantes, entre os anos 1960 e 1980, no universo empresarial, veremos que diferem muito pouco das críticas, muito anteriores, presentes na extensa literatura sobre implementação de planos estratégicos em diversos países (Balassa, 1959; Hayek, 1935; Holzman, 1962; Henderson, 1998). Da mesma forma, os esforços de correção e ajustes da ação estratégica, por meio da maior participação e envolvimento dos níveis operacionais na implementação dos planos, sempre foram preocupação central de diversos estudos e análises da teoria de planejamento governamental (Lafer, 1975).

Situado o contexto da ação estratégica e da sua origem nos modelos hierárquicos e centralizados dos sistemas de produção industrial, podemos examinar, agora, outras contribuições importantes para o entendimento da gestão estratégica em nossas organizações, procurando não incorrer nas falhas conceituais tão comuns na literatura gerencial.

O termo "estratégia" tem origem grega e designava "a qualidade e a habilidade do general" de organizar e levar a cabo batalhas militares (Serra, Torres e Torres, 2003). O conceito de estratégia esteve ligado, desde sua origem, a situações de guerra, política ou jogos. Inicialmente, ele era aplicável às manobras militares e, com o tempo, teve seu escopo ampliado. De acordo com alguns estudiosos, os êxitos alcançados pelo exército de Napoleão podem ter constituído um dos fatores responsáveis pela extrapolação desse conceito para a gestão organizacional (Magalhães, 1996).

Hoje, os dicionários definem estratégia como a arte de aplicar os meios disponíveis com vistas à consecução de objetivos específicos, ou ainda como a arte de explorar condições favoráveis com o fim de alcançar objetivos específicos. Já a incorporação pelas empresas de conceitos e práticas estratégicas teve início a partir do surgimento das grandes empresas verticalmente integradas, capazes de influenciar o ambiente competitivo mesmo fora de seus limites ou setores de atuação.

O advento da II Guerra Mundial também valorizou a estratégia, devido à grande mobilização de recursos que o esforço de guerra exigiu. Com isso, foram criadas novas técnicas de pesquisa operacional, abrindo-se os caminhos para a utilização de métodos de análise quantitativa no planejamento estratégico (Aquino, 1999).

A apropriação de conceitos de guerra pelas empresas pode ser entendida, também, como uma consequência da configuração altamente competitiva em uma parcela do ambiente empresarial atual, em que se utilizam técnicas concorrenciais típicas de uma guerra. Na própria terminologia adotada pelos gerentes, estão incorporadas expressões típicas de guerra, tais como: aliar-se, causar danos, ocupar espaços e conquistar posições inimigas (Motta, 2001).

É importante, no entanto, levarmos em conta que a execução de inúmeros sistemas de produção das economias pós-industriais, organizados sob a forma de redes, já opera com orientações estratégicas de integração e cooperação inteiramente diferentes, mesmo sem alterar os critérios finais de eficiência e competitividade (Castells, 2003).

Depois de examinar importantes aspectos constitutivos do campo da estratégia na literatura gerencial, podemos tratar das abordagens mais integrativas, essenciais na consecução de resultados gerenciais.

Mintzberg (2000) realizou talvez o mais amplo e consistente esforço de revisão da contribuição da teoria e prática de administração estratégica, aproximadamente nos últimos 50 anos. Muito próximo da abordagem metodológica que já estudamos na teoria contingencial, este autor não descartou nenhuma das contribuições produzidas. Muito ao contrário, seu trabalho consistiu na organização e classificação desse importante acervo em 10 "escolas", na análise dos seus conteúdos e no exame das vantagens e desvantagens de cada uma das abordagens.

A importância dessa contribuição para a gestão contemporânea foi ter tornado disponível, de maneira clara e precisa, os fundamentos e instrumentos associados a cada escola, de modo que possamos selecionar e combinar aqueles que sejam os mais adequados às tarefas ou desafios a serem enfrentados. Outra importante contribuição do autor é a possibilidade de libertação dos administradores da ditadura dos "clubes" e "consultorias" de estratégia, que tem, de modo muito sistemático e, às vezes, irresponsável, pretendido reduzir a gestão estratégica a alguns dos instrumentos disponíveis.

Assim, importantes instrumentos de ação e análise de administração estratégica, do tipo matriz SWOT, quadro BCG, modelos de análise competitiva, cadeias de valor, teoria de jogos, BSC, modelos decisórios, de aprendizagem, de mudança e jogos de poder, que normalmente costumam ser divulgados como a "última" novidade estratégica, são dissecados e contextualizados pelo autor. Então, aprendemos que cada um deles pode ser excepcional ou desastroso; o resultado depende do contexto ou da contingência em que é usado. Desse modo, o essencial para a gestão não é o instrumento, mas as competências de análise, integração e aplicação efetuadas, na prática, pelos gestores.

As 10 "escolas" de estratégia propostas analiticamente pelo autor são ordenadas em dois conjuntos: prescritivas e descritivas. No primeiro conjunto, o autor inclui três escolas (*design*, planejamento e posicionamento), responsáveis pelas abordagens mais ortodoxas da formulação estratégica e com ênfase nas questões de método e forma, no *como deve ser* a gestão estratégica.

No segundo grupo, encontram-se as sete escolas descritivas que representam diferentes perspectivas mais orientadas para a compreensão de *como são* efetivamente formuladas e implementadas as estratégias. Todos devemos avaliar que os modelos mais prescritivos devem ser associados aos modelos mais mecânicos de administração, enquanto os descritivos devem ser associados às abordagens mais orgânicas e contemporâneas. É isso mesmo. Mas temos também de considerar que os modelos prescritivos podem ainda ser muito eficientes naquelas funções e áreas das nossas organizações que podem usar instrumentos analítico-racionais e que operem em condições ambientais estáveis. Por exemplo, a gestão estratégica de uma empresa de logística ou transporte aéreo deverá combinar abordagens prescritivas (otimização do uso da frota ou equipamentos de transporte) com as descritivas (marketing, relações com clientes e simplificação de procedimentos, entre outras).

Outra análise importante realizada por Mintzberg diz respeito à evolução da atenção conferida a essas duas perspectivas no período entre 1965 e 1995. Verifica-se que, até 1980, as abordagens prescritivas tenderam a dominar o campo da administração estratégica, com uma modesta presença e participação das abordagens descritivas. Em compensação, após a década de 1980 inverte-se o quadro, com o declínio acentuado das primeiras e a expansão acelerada das segundas. O autor registra, dentro da década de 1980, uma expansão razoável da escola de posicionamento, de Michael Porter, que, contudo, não modifica a tendência de queda das orientações prescritivas, que se mantém contínua nos anos 1990.

Entendemos que é muito importante refletir um pouco mais sobre as possíveis causas dessas tendências. Primeiro, podemos considerar que existe uma relação entre prescrição e estabilidade e, inversamente, entre descrição e instabilidade; assim, quanto mais instáveis os ambientes organizacionais, menos eficaz seria a utilização pura e simples dos modelos prescritivos.

Segundo, podemos considerar que, quanto mais centralizados e hierarquizados forem os sistemas organizacionais, maior será a tendência de utilização de modelos formais de formulação estratégica; em contrapartida, quanto mais evoluímos para modelos de estruturas flexíveis, mais necessárias e imprescindíveis se tornam as estratégias classificadas como descritivas.

Terceiro, a fragmentação ocorrida em nossas organizações, por exemplo, pelas complexidades das diferentes relações dos subsistemas operacionais com os seus ambientes, exige modelos de reintegração e negociação de conflitos muito mais sofisticados, para alinhar e realinhar, de modo mais ou menos permanente, cada parte da estrutura com o todo organizacional. Os modelos descritivos parecem muito mais adequados para esses novos desafios.

Como conclusão deste capítulo, podemos adotar a orientação de que "a gerência estratégica recupera, restitui e reforça a globalidade na perspectiva organizacional" (Motta, 2001:91). Sua implantação, embora essencial, não é fácil, muito menos simples. Os rituais e as práticas consolidadas das estruturas organizacionais separados em três níveis, estratégico, tático e operacional, tendem a se manter intocáveis. Nessas estruturas verticalizadas, ainda existe uma tendência muito forte para que os processos de planejamento ocorram de acordo com a hierarquia.

No entanto, nas organizações contemporâneas, cada vez mais essa lógica vai sendo subvertida pela dinâmica da própria realidade: o nível operacional participa, cada vez mais, dos processos de definição das questões estratégicas, e o nível superior, não raramente, assume responsabilidades operacionais que se mostrem relevantes para a estratégia da organização. Nesse

Figura 3
MODELO DE PLANEJAMENTO ESTRATÉGICO

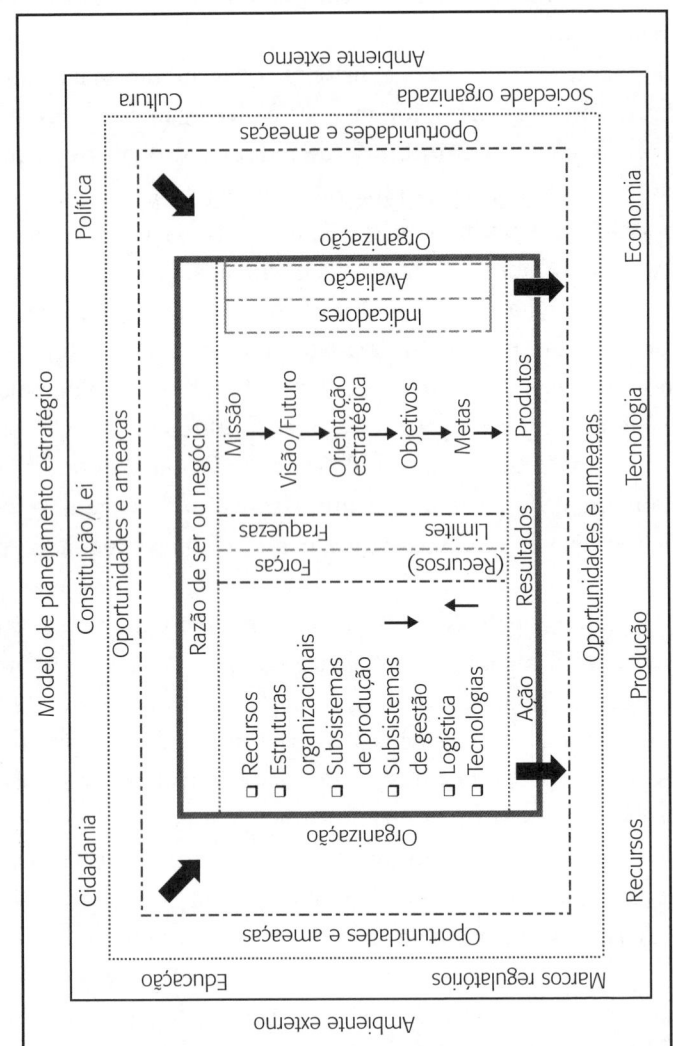

Fonte: França (2004).

ponto, é importante entender que não estamos estudando nenhum processo de eliminação total ou radical dos modelos de hierarquia ou de níveis diferenciados de direção. O desafio é operarmos nossas organizações de maneira compatível com as novas realidades sociais, políticas, econômicas e tecnológicas.

Diante desse novo quadro, não precisamos mais tornarnos prisioneiros de nenhuma hierarquia formal de planos estratégicos, como defendido nas abordagens mais formais e prescritivas. Poderemos utilizá-la, ou não, conforme a complexidade e a necessidade dos processos de gestão. O ponto de partida da gestão estratégica não será mais nem as metodologias nem o formalismo dos sistemas de planejamento, mas o efetivo alinhamento da organização em torno de orientações, missões, objetivos, valores e cursos de ação comuns e compartilhados.

Os processos da gestão estratégica podem ser entendidos mais completamente por meio do modelo conceitual apresentado na figura 3. Os desdobramentos que se façam necessários, por área, função, programa ou projeto, podem utilizar o mesmo modelo, mantido o alinhamento com a formulação estratégica inicial.

A figura 3 permite destacar alguns pontos importantes da função gerencial estratégica que representam um razoável consenso na literatura e nas práticas contemporâneas.

Primeiro, o essencial é organizar a ação gerencial, em todos os níveis, em torno das oportunidades e ameaças presentes no ambiente externo da organização e das forças e fraquezas presentes no ambiente interno.

Segundo, todas as organizações são constituídas a partir de um propósito — razão de ser ou negócio — e só sobrevivem porque processam de modo eficaz, em suas estruturas, um conjunto significativo de recursos sociais destinados a produzir ações, resultados ou produtos considerados relevantes pelo seu ambiente externo.

Terceiro, a dimensão da organização, nesse modelo, foi separada em dois conjuntos para chamar a atenção para as necessidades de integração e alinhamento em toda a estrutura organizacional: à esquerda, encontra-se o universo da gestão tradicional, estruturado por funções especializadas, e, à direita, acham-se os principais componentes formais de um processo gerencial estratégico.

A integração e a articulação efetivas desses dois conjuntos, com o objetivo de processar os recursos organizacionais de modo eficiente e devolver à sociedade produtos relevantes, constituem o foco da gestão estratégica.

O surgimento dos estudos organizacionais que compõem a chamada abordagem integrativa contribuiu para a consolidação da gestão de pessoas nas organizações. Os antigos setores de relações industriais foram paulatinamente ampliados, adquirindo novas funções, como o planejamento e a execução de processos de recrutamento e seleção, avaliação de desempenho e treinamento de pessoal. Também a área de cargos e salários passou a ter ações com base em técnicas predefinidas, rompendo-se, portanto, com o empirismo até então dominante. Todas essas ações passaram a ter como referência, além dos aspectos psicológicos e sociais inerentes aos trabalhadores, características relacionadas à ambiência interna e externa.

Surgiu, nesse contexto, a expressão "recursos humanos", que pretendia caracterizar os trabalhadores como importante fator de produção, destacando sua importância. Tal expressão, todavia, recebe hoje muitas críticas, por sua conotação utilitarista, refletida no nivelamento que faz das pessoas com simples insumos produtivos. Atualmente, um número crescente de organizações e a maioria dos autores de livros e artigos na área estão preferindo termos alternativos, como gestão de pessoas. Permanece, porém, a consciência de que, ainda que não possam ser reduzidas a meros fatores de produção, as pessoas que compõem uma organização precisam ser gerenciadas a partir de uma perspectiva integrada com as políticas de negócio.

Esperamos que o estudo deste capítulo tenha permitido a internalização de importantes conceitos e orientações essenciais para a absorção dos conteúdos do próximo capítulo, no qual estudaremos os modelos emergentes de gestão.

5

Reflexões sobre modelos em construção

Nos capítulos anteriores, apresentamos abordagens administrativas já consagradas, cujas proposições podem ser percebidas no modelo de gestão de muitas organizações. Neste capítulo, refletimos sobre algumas teorias que ainda não foram efetivamente incorporadas em um número significativo de organizações, mas podem trazer importantes contribuições, diante das características da sociedade contemporânea e dos impactos por elas gerados.

Inicialmente, apresentamos os principais postulados da teoria crítica, que contribui com a percepção do caráter manipulativo e dominador encontrado nos modelos de gestão baseados na chamada racionalidade instrumental.

Apresentamos, em seguida, o chamado modelo holográfico de gestão, inspirado nas características das figuras holográficas, nas quais o todo está presente em cada parte.

A adhocracia, tratada no item seguinte, representa uma proposta inversa à burocracia, baseada em arranjos transitórios, e não na permanência e continuidade.

Depois, está resumida a proposta de construção de organizações de aprendizagem, com destaque para a proposta de Peter Senge, enriquecida com a contribuição de Carlos Corrêa, que propõe a consideração da chamada "sexta disciplina".

Na sequência, apresentamos uma introdução à teoria do caos, que revolucionou a física e contribuiu para a formação de novos paradigmas em diversas outras ciências, incluindo a administração.

Na parte seguinte, está exposta a teoria da complexidade, a partir do pensamento de Edgar Morin, o qual destaca que a maioria dos problemas encontrados em nossa sociedade é de natureza polidisciplinar, transversal e multidimensional. A utilização da visão fragmentada e dos conhecimentos construídos sobre pretensas certezas, típicos dos modelos tradicionais de ciência, revelam-se incapazes, como destaca essa teoria, de dar conta de problemas com essas características.

Na última seção do capítulo, discorremos sobre uma proposta de gestão libertária e economia de comunhão, com bases opostas ao utilitarismo e às relações de dominação e exploração que predominam na sociedade e nas organizações de trabalho.

Ao final deste capítulo, esperamos proporcionar a você, leitor:

- ❏ o conhecimento de algumas das principais teorias emergentes da administração;
- ❏ uma percepção das limitações e contradições dos modelos de gestão tradicionais, reveladas pelas teorias divergentes;
- ❏ o sentimento de que ainda há muito por explorar no campo de estudo da gestão organizacional e de que mesmo os modelos mais inovadores, que parecem, *a priori*, impossíveis de serem adotados por muitas das organizações que conhecemos, podem trazer-nos importantes contribuições e aperfeiçoar nossas práticas gerenciais.

Começaremos nossa breve viagem aos modelos de gestão em construção pela teoria crítica, a mais antiga das abordagens aqui apresentadas, já consagrada como uma importante linha de pensamento em diversos ramos do saber.

Teoria crítica

A teoria crítica surgiu do trabalho desenvolvido por um grupo de pesquisadores reunidos no Instituto de Pesquisa Social de Frankfurt, criado em 1923, na Alemanha. A chamada escola de Frankfurt incluiu, no seu quadro de ensino e pesquisa, alguns dos mais importantes cientistas sociais do século XX: Adorno, Marcuse, Fromm e Habermas — este último pertencente à segunda geração de pesquisadores da escola e com um trabalho de grande importância para a compreensão mais moderna dos fenômenos organizacionais.

Hoje esse campo de estudos se ampliou e engloba um volume muito grande de literatura acadêmica e de pesquisa, envolvendo alguns autores consagrados no campo da teoria, do ensino e da prática de administração, que abordam "criticamente" o fenômeno organizacional e o núcleo central da própria teoria administrativa.

São conteúdos complexos, oriundos de diversas áreas do conhecimento, e sua discussão mais aprofundada ultrapassaria o escopo deste livro. Mas julgamos importante que você inicie o estudo dos modelos de gestão em construção a partir de uma exposição bastante sumária a esse tema, para incluí-lo no seu campo de estudos e atenção profissional.

A escola de Frankfurt

Na definição de Felix Weil, um de seus fundadores, o Instituto de Pesquisa Social de Frankfurt foi criado com o objetivo de alcançar o conhecimento e a compreensão da vida social em sua totalidade, das questões econômicas às ideológicas. De 1923, quando o instituto foi criado, até 1940, quando o grupo de pensadores ali reunido se desfez, foram produzidos importantes estudos voltados para a busca de uma teoria crítica da sociedade.

Foi a partir da nomeação de Max Horkheimer para a direção geral, ocorrida em 1930, que se consolidou o grupo que passou a ser chamado de escola de Frankfurt. Horkheimer reuniu em torno de si uma equipe de pensadores de grande potencial, como Herbert Marcuse, nascido em 1898, que se tornou um dos principais teóricos do movimento estudantil que sacudiu o mundo na década de 1960. Theodor Adorno, filósofo e sociólogo que viveu de 1903 a 1969, foi outro importante membro do grupo, assim como o conhecido psicólogo Erich Fromm, nascido em 1900 (Geuss, 1988).

O método de análise marxista foi a base fundamental da escola de Frankfurt desde a sua fundação. Os pensadores que ali se reuniram concordavam com Karl Marx na sua ideia de que a evolução da sociedade ocorria, principalmente, em consequência dos problemas econômicos. Além do chamado materialismo histórico, outro aspecto do pensamento de Marx que marcou fundamentalmente o instituto em sua primeira fase foi a chamada "lei das influências contrárias". De acordo com esse pensamento, logo que se manifesta uma tendência de mudança, de contestação, a classe dominante reage, promovendo forças que combatem essa tendência, de forma a conservar seu poder. Assim, o próprio impulso à mudança social produz reações que dificultam a obtenção do sucesso.

O pensamento dialético de Hegel foi outra influência teórica fundamental na escola de Frankfurt. Trata-se de uma teoria que afirma que a força da evolução vem do constante conflito de ideias opostas. Para cada tese, ou seja, posicionamento, surge uma antítese, que representa sua negação. Do conflito entre ambas, surge uma síntese, a qual passa a ser, então, uma nova tese, que será contestada por outra antítese, surgindo nova síntese, e assim sucessivamente. O conflito é visto, pelo pensamento dialético, como natural e necessário ao desenvolvimento da sociedade. Marcuse afirmou que, "no ato crítico da recusa do existente, o indivíduo ascende ao plano da universalidade" (Slater, 1978:39). A contestação é, portanto, o que dá sentido e substância ao pensamento criador. Muitos movimentos libertários que surgiram nas décadas seguintes, em especial na de 1960, tiveram forte influência desse pensamento.

Com a ascensão do nazismo, os pensadores reunidos no instituto foram forçados ao exílio e alguns se abrigaram na Universidade de Colúmbia, nos Estados Unidos, onde deram continuidade aos trabalhos que desenvolviam. A partir da década de 1950, o instituto retomou suas atividades na Alemanha.

Jürgen Habermas incorporou-se ao grupo após o retorno do exílio, sendo considerado o grande herdeiro da tradição da escola de Frankfurt. Um dos destaques que devem ser considerados em sua contribuição é a crítica ao tecnicismo e cientificismo, que, a seu ver, reduzem o conhecimento humano ao domínio da técnica e modelo das ciências empíricas, limitando o campo de atuação da razão aos conhecimentos considerados objetivos e práticos (Aragão, 2002).

Os membros da escola de Frankfurt em geral, e Habermas em particular, farão da análise da razão ou racionalidade o ponto central de seus estudos. Para eles, o conceito de racionalidade como usado nas sociedades atuais — a racionalidade instrumental — seria muito mais uma ferramenta de dominação do que expressão da verdadeira razão.

Eles retomaram a distinção existente no conhecimento clássico entre razão substantiva e razão instrumental e pretenderam restaurar o papel da razão como categoria ética e referencial da própria teoria crítica (Ramos, 1989).

Habermas realiza um distanciamento da noção marxista de que a racionalidade pudesse resultar do desenvolvimento das próprias forças produtivas. Reconheceu a relativa autonomia e poder institucional que os sistemas produtivos conquistaram ao longo do processo de industrialização, para submeter todos os aspectos da vida humana a objetivos e interesses distantes da verdadeira preocupação com as questões da emancipação humana (Ramos, 1989).

A contribuição de Habermas tem especial importância para a área organizacional porque propõe a construção de um tipo de razão prática a ser obtida por meio de processos de comunicação, no qual os "interlocutores buscam, através da argumentação fundada, o consenso possível" (Freitag, 1986:85).

Essa abordagem de uma "racionalidade comunicativa" pode ser usada para extrair ou implementar outros tipos de razão ou sistemas de racionalidade por meio de processos de interação social. O uso dessa nova forma de racionalidade se destina a complementar e superar as limitações da razão meramente instrumental e oferece inúmeras possibilidades de entendimentos mútuos, orientados para a ação muito mais autônoma e independente dos mecanismos de controle burocrático (Tenório, 2004).

Na concepção do autor, a linguagem é fundamental para a existência da democracia, uma vez que esta pressupõe interesses divergentes e certo grau de consenso. Para que a linguagem assuma este papel, é necessário que a comunicação seja clara. O uso correto das palavras, entretanto, só pode ocorrer quando se abandonar o uso exclusivo da razão instrumental.

A ciência baseada na racionalidade instrumental, analisada à luz dos preceitos da teoria crítica, é considerada desfocada da busca dos conhecimentos verdadeiros, tornando-se instrumento de dominação e poder sobre a natureza e os próprios seres humanos. A ruptura dessas relações de dominação pode ocorrer por meio de diálogos travados entre sujeitos autônomos, capazes de compartilhar, pela linguagem, um código simbólico comum (Geuss, 1988; Tenório, 2004).

Outras contribuições críticas importantes dizem respeito ao estudo das organizações como espaços efetivos de poder e de como se articulam, nesses espaços, os diferentes interesses de indivíduos e grupos, os quais podem perpetuar, de diversas formas, processos injustos de exclusões sociais e econômicas de segmentos, que não conseguem perceber, ou mesmo ter consciência de seus interesses e direitos. Uma variante muito importante dessa abordagem diz respeito aos limites de autonomia das organizações nas democracias políticas contemporâneas. Naturalmente, a teoria crítica propugna pela ampliação dos controles sociais e políticos sobre o universo empresarial.

Outro conjunto de estudos tem dedicado grande atenção às questões envolvidas nas relações de trabalho dentro das organizações modernas. A origem dessa vertente foi inicialmente a própria contribuição marxista de conflito clássico entre capital e trabalho. Hoje, outras análises não marxistas têm pesquisado os efeitos perversos das formas organizacionais clássicas sobre os seres humanos e suas possibilidades de emancipação, autonomia, atualização e criatividade. Um aspecto também importante nesse conjunto é a discussão de novas formas de controle cultural-ideológico que estão presentes nos ambientes organizacionais, por meio da ação gerencial.

Outra contribuição importante, essencialmente orientada para a ação no espaço das organizações, é a proposta de Morgan (2002), de classificação dos modelos e de uma parcela relevante do conhecimento organizacional por meio de metáforas. Algumas das metáforas propostas pelo autor, especialmente as de sistemas políticos, prisões psíquicas e dominação, se propõem a tratar, de modo prático e aplicado, relevantes contribuições da chamada teoria crítica.

A metáfora do poder integra contribuições de diversos campos do conhecimento e examina cursos de análise e ação para gestão de uma perspectiva das organizações como sistemas efetivos de micropoder e macropoder.

A metáfora da prisão psíquica examina os interesses e sistemas de poder constituídos nos ambientes organizacionais, os quais, não raramente, dificultam ou impedem processos essenciais de mudança. O autor incorpora também importantes instrumentos oriundos da psicanálise, para sofisticar os processos de compreensão organizacional.

A metáfora da dominação integra diversas contribuições e conhecimentos da própria teoria crítica que estamos estudando, relativos aos sistemas organizacionais, para alcançar maior racionalidade, melhor compreensão dos componentes éticos e ideológicos, transformação mais radical dos ambientes e condições de trabalho, e responsabilidade social da empresa.

Implicações desse debate para a ação administrativa

Como já aprendemos, a maior parte dos estudos organizacionais encontra-se solidamente ancorada no modelo de organização da sociedade industrial. São os próprios fundamentos e pressupostos desses estudos que estão sendo questionados, sobretudo no que diz respeito a sua eficácia operacional.

À medida que avançamos nas possibilidades tecnológicas e de novos arranjos de produção, aumenta a urgência em relação aos ajustes e transformações que precisam ser feitos, pois "a teoria da organização, tal como tem prevalecido é ingênua (...) se baseia na racionalidade instrumental inerente à ciência social dominante no Ocidente (...) é menos convincente do que foi no passado e, mais ainda, torna-se pouco prática e inoperante" (Ramos, 1989:1).

Dessa forma, percebemos a importância da contribuição da teoria crítica: na medida em que entendemos a realidade mais crua dos nossos sistemas organizacionais, podemos canalizar melhor os esforços para superação das diversas formas de dominação existentes no interior de nossas organizações e para que seus membros possam contribuir para a realização das necessidades humanas e desenvolvimento de todos (Alvesson e Deetz, 1999).

No passado dominado pelas disputas entre capitalismo e socialismo, a teoria crítica de Frankfurt, em virtude de sua base nos métodos da análise marxista, foi muitas vezes considerada, de modo errôneo, parte de um ataque ideológico às organizações do mundo capitalista. No cenário atual, de uma economia essencialmente capitalista e internacionalizada, ela vai sendo reavaliada como contribuição essencial — porque as "grandes teorias" dos séculos XIX e XX foram insuficientes para "explicar as fraturas que o maquinismo industrial produziu na linguagem (...) no sentido estético, nas ideologias, na ética (...) e na percepção da psicologia da opulência" (De Masi, 2003:423) — e se transforma em polo aglutinador de interesse para o campo organizacional.

O campo organizacional tem, por sinal, recebido diversas contribuições de outras ciências. Os estudos organizacionais têm se beneficiado de apropriações de teorias formuladas em outras áreas do saber. Na próxima seção, apresentamos um exemplo desse tipo de adaptação: o modelo de gestão holográfico, inspirado na composição física dos hologramas.

Modelo holográfico

A figura holográfica, feita com raio laser e composta de uma série de imagens superpostas, inspirou, por suas propriedades, a proposição do chamado modelo holográfico de gestão. O holograma tem como principal peculiaridade o fato de que qualquer de suas partes pode ser usada para a reconstituição do todo. Ou seja, se tomarmos um fragmento de um holograma, poderemos reconstruí-lo a partir desse fragmento.

No holograma, o todo está presente em cada parte. Portanto, ao pretender adotá-lo como um modelo, a organização estará buscando uma característica oposta à tradicional fragmentação que marca o modelo burocrático. Nas organizações tradicionais, os diversos setores se comportam, muitas vezes, de maneira isolada, sem a necessária articulação e sem a consciência de que todos têm objetivos em comum e que os resultados a alcançar só fazem sentido quando vinculados à missão organizacional. A organização holográfica procura, portanto, criar processos nos quais cada parte represente o todo.

O combate à visão fragmentada de mundo revela-se essencial para que seja alcançada uma visão mais holística das organizações. O termo "holístico" deriva do grego *holon*, que quer dizer "inteiro" ou "não fragmentado". A adoção de uma perspectiva mais holística na análise das organizações e das pessoas que as compõem representa um importante desafio para os gestores (Moscovici, 1995; Vergara, 2007).

O cérebro humano, conforme revelam as últimas pesquisas sobre o assunto, possui uma estrutura e lógica de funcionamento muito mais próximas do holograma do que das máquinas, que representam o modelo inspirador das estruturas organizacionais tradicionais. Vejamos algumas das principais características do cérebro e as lições delas decorrentes para as organizações (Morgan, 2002).

❑ *Cada neurônio está conectado a milhares de outros, permitindo um sistema de funcionamento ao mesmo tempo genérico e especializado.* Tanto as pessoas quanto os setores organizacionais têm de buscar, concomitantemente, o conhecimento técnico especializado e a visão global e integrada dos problemas.

❑ *O padrão de rica condutividade entre os neurônios permite ao indivíduo receber, ao mesmo tempo, diferentes tipos de informa-*

ção e reconhecer *o que está se passando à sua volta*. Os sistemas e processos organizacionais tradicionais nem sempre consideram esta possibilidade, estruturando-se para receber e processar as informações de forma estanque e isolada. Em uma ambiência caracterizada por múltiplas demandas e relações interorganizacionais e intraorganizacionais complexas, essa capacidade revela-se extremamente útil para as organizações.

❏ *O poder do cérebro depende mais de sua condutividade do que de sua estrutura*. Apesar de possuírem um cérebro maior do que o nosso, os elefantes são menos inteligentes. Isso ocorre porque seus cérebros possuem interligações bem menos complexas. Portanto, o importante não é o tamanho da estrutura de uma organização, e sim a capacidade que ela possui de articular-se, a qualidade de seus processos.

❏ *O cérebro trabalha de maneira probabilística, e não determinística*. O modelo burocrático está fundamentado em uma visão determinística da realidade, pressupondo que existe sempre o "certo" e o "errado" e que é possível determinar-se, por meio de métodos científicos e da aplicação de leis e princípios gerais, a melhor forma de se resolver um problema. O dia a dia organizacional nos revela, porém, as limitações de qualquer teoria ou técnica e a necessidade de trabalharmos com probabilidades, e não com certezas.

❏ *Ao manter excesso de capacidade, o cérebro facilita o desenvolvimento de novas ideias e funções*. Se utilizássemos nas tarefas cotidianas toda a nossa capacidade mental, jamais teríamos condições de produzir novas ideias, de evoluir. É justamente porque só utilizamos uma pequena parte de nossa capacidade que podemos estar sempre nos desenvolvendo. Esta lição precisa ser aprendida pelas organizações que têm promovido cortes drásticos em sua estrutura e no quadro de empregados. Os exageros em tais cortes, promovidos pelos programas de *downsizing*, reengenharia e outros parecidos, podem levar à sobrecarga da estrutura e das pessoas. Quando isso acontece, só é possível a execução dos trabalhos rotineiros, deixando de ser buscadas as inovações tão necessárias para a competitividade.

A implantação de um modelo holográfico de gestão pode ser efetivada pela adoção das seguintes medidas (Morgan, 2002):

- garanta o todo em cada parte;
- crie conexão e redundância;
- crie simultaneamente especialização e generalização;
- não predetermine nada além do absolutamente necessário (especificação crítica);
- crie a capacidade de auto-organização;
- crie condições para que as pessoas aprendam a aprender;
- encoraje e valorize a abertura e flexibilidade, aceitando os erros e incertezas como aspectos naturais dos ambientes complexos e mutáveis;
- encoraje a busca de soluções dos problemas complexos a partir da exploração de diferentes pontos de vista;
- evite impor estruturas e definições de planejamento fechadas;
- crie estruturas organizacionais que favoreçam a implantação destas diretrizes.

A adoção de um modelo de gestão de inspiração holográfica exige, como podemos perceber, uma significativa mudança não apenas nas práticas, mas nos próprios valores que têm fundamentado a gestão na maioria das organizações. A despeito de se revelar adequado às características da sociedade contemporânea, esse modelo enfrenta resistências porque contraria muitas "verdades" estabelecidas nas práticas gerenciais cotidianas.

Um dos maiores focos de resistência à mudança está na base burocrática que permeia a maioria dos modelos de gestão. Poucas organizações têm investido em modelos alternativos, como a adhocracia, apresentada na próxima seção.

Adhocracia

Conforme vimos ao longo deste livro, os modelos de gestão são concebidos de acordo com os contextos sociais, políticos, econômicos e tecnológicos de cada época. Nos dias de hoje, o que vivenciamos são empresas inseridas em contextos cada vez mais complexos e dinâmicos. Dentro desses novos parâmetros, as estruturas clássicas não são mais capazes de responder a esses ambientes instáveis e por demais incertos. Assim, a busca de modelos que quebrem os paradigmas da gestão clássica, como a formalização, a centralização e a padronização, se torna o centro das reflexões no esforço para a manutenção da eficiência e eficácia organizacional.

Nesse sentido, uma grande contribuição teórica foi dada por Mintzberg (1995), com sua estrutura adhocrática, que representa uma quebra de paradigma em relação ao modelo de gestão clássica, pois é adequada a um ambiente tanto complexo quanto dinâmico — um ambiente dinâmico exige uma estrutura orgânica e um ambiente complexo exige uma estrutura descentralizada; assim é a adhocracia, como veremos mais adiante.

Para entendermos o que vem a ser adhocracia, vamos analisar o funcionamento das organizações na perspectiva proposta por Mintzberg (1995). De acordo com essa abordagem, as organizações são estruturadas em cinco macrodimensões, que desempenham diferentes funções e cuja coordenação pode se dar de seis formas diferentes.

As macrodimensões são: o vértice estratégico, constituído pela alta gestão e *staff*; o núcleo operacional, constituído pelos que executam o trabalho básico; a linha hierárquica média, constituída pela média gerência; a tecnoestrutura, constituída por técnicos e especialistas que, de forma geral, procuram tornar mais efetivas as diversas tarefas desenvolvidas pela organização; e o pessoal de apoio, constituído de especialistas, cujo objetivo é dar apoio não operacional à organização (figura 4).

Figura 4
ESTRUTURA ORGANIZACIONAL, SEGUNDO MINTZBERG

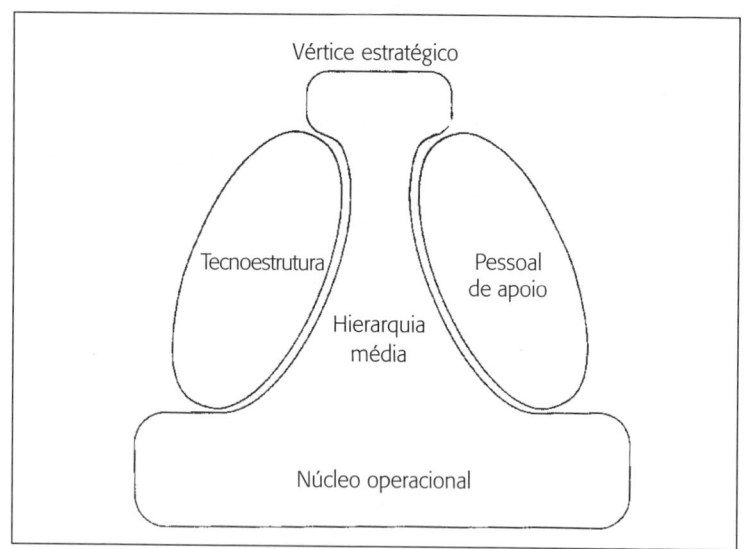

```
                    Vértice estratégico


        Tecnoestrutura        Pessoal
                              de apoio
              Hierarquia
                média


              Núcleo operacional
```

Fonte: Mintzberg (1995).

As formas de coordenação se processam da seguinte maneira: ajustamento mútuo (informal); supervisão direta (hierarquia direta); padronização dos processos de trabalho (programação); padronização dos resultados (especificação prévia); padronização das capacidades (padronização do trabalho); e padronização das normas (crenças e valores).

A organização deve, de acordo com essa perspectiva, ser estruturada com a arquitetura que melhor se ajusta ao contexto no qual está inserida. Em cada arquitetura, haverá predominância de uma das macrodimensões e, consequentemente, sua coordenação específica. As arquiteturas propostas por Mintzberg são: estrutura simples, burocracia mecanicista, burocracia profissional, estrutura divisionária e adhocracia.[3]

---

[3] Os estudos de Mintzberg também se referem a mais dois tipos de estrutura, a missionária (1995) e a política (1991). A estrutura missionária daria origem a mais uma macrodimensão, que ele denomina ideologia, constituída pelos valores, crenças e tradições.

Conhecidas as características organizacionais apontadas por Mintzberg, podemos agora entender o que vem a ser adhocracia. Trata-se da proposição de uma estrutura pouco formalizada, na qual a colaboração é a principal característica na realização das tarefas da organização. Essa característica colaborativa é proporcionada pela média gerência, em que predominam os especialistas, sendo essa a macrodimensão-chave da organização. O foco do controle repousa no ajustamento mútuo. Nesse tipo de estrutura, o poder é centrado nos especialistas, fazendo com que a distinção entre autoridade linear e funcional desapareça. Com a descentralização do poder permeando toda a estrutura, a distinção entre o vértice estratégico e o resto da estrutura também não existe. Assim, essa forma de estrutura orgânica cria um ambiente favorável ao desenvolvimento de inovação e propicia alta flexibilidade, características requeridas em ambientes complexos e dinâmicos, reveladas pela figura 5.

Figura 5
ESTRUTURA ORGANIZACIONAL ADHOCRÁTICA, SEGUNDO MINTZBERG

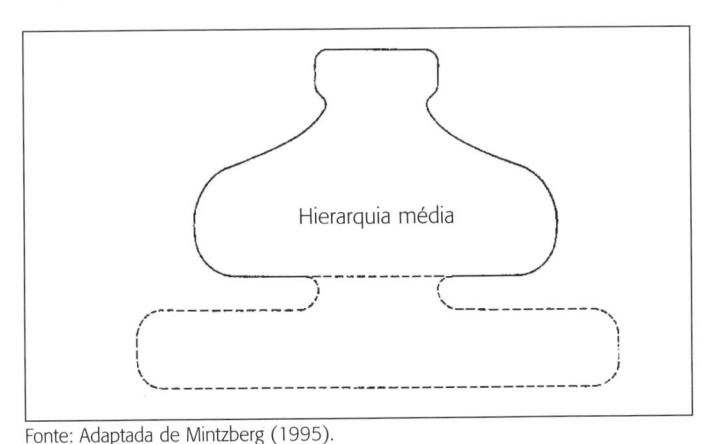

Fonte: Adaptada de Mintzberg (1995).

Com o objetivo de estabelecer a distinção entre as diversas estruturas estudadas por Mintzberg e a adhocracia, apresentamos o quadro 2, com as características de cada estrutura.

Quadro 2
Configurações estruturais (Mintzberg)

Característica	Estrutura funcional	Burocracia mecanicista	Burocracia profissional	Estrutura divisional	Adhocracia
Mecanismos de coordenação	Supervisão direta	Padronização do trabalho	Padronização das qualificações	Padronização dos resultados	Ajustamento mútuo
Componente-chave na organização	Vértice estratégico	Tecnoestrutura	Centro operacional	Linha hierárquica	Funções de apoio
Parâmetros de concepção	Centralização, estrutura orgânica	Formalização do comportamento, especialização do trabalho na dimensão vertical e horizontal, agrupamento funcional, unidades grandes, centralização vertical e descentralização limitada, planejamento das ações	Formação, especialização horizontal do trabalho, descentralização horizontal e vertical	Agrupamento das unidades na base de mercados, sistema de controle do desempenho, descentralização vertical limitada	Mecanismos de ligação, estrutura orgânica, descentralização seletiva, especialização horizontal, agrupamento das unidades na base das funções e dos mercados

continua

Característica	Estrutura funcional	Burocracia mecanicista	Burocracia profissional	Estrutura divisional	Adhocracia
Fatores de contingência	Sistema técnico jovem, pequeno e não sofisticado, ambiente simples e dinâmico, possível hostilidade externa ou necessidades de poder considerável do principal dirigente, configuração tradicional	Sistema técnico velho, grande e não automatizado, ambiente simples e estável, controle externo, configuração tradicional	Ambiente complexo e estável, sistema técnico sofisticado, configuração moderna		Ambiente complexo, dinâmico, organização jovem, sistema técnico sofisticado e muitas vezes automatizado, estrutura moderna

Fonte: Mintzberg (1995).

A adhocracia também tem seus problemas, como ressalta o próprio Mintzberg. Entre as suas principais dificuldades, destaca-se a convivência com as ambiguidades inerentes ao próprio modelo e sua propensão a se transformar de modo inapropriado em outras estruturas. Para Galbraith e outros (1995), a grande dificuldade de implementação desses modelos está na descentralização do poder.

Na realidade, não existem modelos puros. O que verificamos nas organizações é um misto dessas estruturas, de acordo com a necessidade de cada um dos subsistemas da organização, que realizam tarefas de naturezas distintas entre si. A complexidade desses modelos exige a realização de investimentos significativos em aprendizagem e capacitação. Na próxima seção, apresentamos algumas das principais contribuições teóricas para a formação das chamadas organizações de aprendizagem.

Organizações de aprendizagem

Um dos diversos títulos que têm sido adotados para designar a época em que vivemos é "sociedade do conhecimento". A adoção dessa nomenclatura deve-se ao fato de que ocorre atualmente não apenas um salto qualitativo no acúmulo de conhecimento humano, similar aos que ocorreram em outras épocas. O ritmo dessa acumulação ganhou nova velocidade, uma vez que os avanços nas diferentes áreas interagem e potencializam a produção ainda mais rápida de novos conhecimentos. Fatores como a globalização e o desenvolvimento nas tecnologias de informação e comunicação estão na base da nova ordem social, econômica, cultural e política.

O conceito de *learning organization* (organização de aprendizagem) tornou-se mais difundido a partir de trabalhos publicados por Chris Argyris, na década de 1970. De certa forma, ele sintetiza o direcionamento da gestão considerado próprio para a sociedade do conhecimento, implicando não apenas a aquisição de capacidade de aprendizado, como também a maximização do seu aproveitamento e sua efetiva incorporação pelas empresas. As organizações que procuram seguir esse modelo aspiram a uma realidade além de sua mera sobrevivência, não mais objetivando simplesmente maximizar seus lucros, e sim focalizando seus interesses no desenvolvimento de estruturas evolutivas.

Peter Senge, embora não tenha sido o formulador original do conceito, foi o autor que mais contribuiu para a sua difusão, por meio de seu livro *A quinta disciplina*, que se tornou uma das mais conhecidas obras da administração na década de 1990. Nessa obra, Senge aborda cinco disciplinas que considera indispensáveis para que uma organização, qualquer que seja ela, possa manter-se aprendendo sempre. Embora tais disciplinas digam respeito às organizações, servem também para o indivíduo, que deve cultivá-las, fazendo de seu uso uma grande metaferramenta para o desenvolvimento pessoal (Senge, 1998).

- *Domínio pessoal* — as organizações aprendem por meio de indivíduos. As pessoas precisam querer de fato aprender, desejar o crescimento e estar abertas às inovações. Para tanto, é fundamental que gozem de bem-estar físico e espiritual, que irá proporcionar o que Senge chama de domínio mental.
- *Modelos mentais* — são os paradigmas interiorizados pelas pessoas. Problemas comportamentais observados no ambiente de trabalho decorrem, muitas vezes, da manutenção de modelos mentais inadequados.
- *Objetivo comum* — representa a visão compartilhada do futuro de uma organização. É necessário compreender bem a evolução dos objetivos pessoais para os objetivos comuns, para que possam ser adotados, nos modelos de gestão, mecanismos que facilitem esse processo.

- *Aprendizado em grupo* — está ligado ao conceito de sinergia: o todo é mais que a soma das partes. Está também ligado ao conceito de alinhamento de esforços, como uma soma vetorial.
- *Raciocínio sistêmico* — é a integração das outras quatro disciplinas. Cada uma delas isoladamente é pouco capaz. A força do processo está na integração, proporcionada por essa quinta disciplina.

Carlos Corrêa, em seu livro *Sexta disciplina: simulação de cenários alternativos na empresa que aprende*, postula a existência de uma sexta disciplina: simulação de cenários alternativos (Corrêa, 1998). Ao propor uma sexta disciplina, o autor procurou seguir a mesma lógica que levou Senge a criar sua teoria: a analogia do avião. Assim, a simulação de cenários alternativos é a busca antecipada de caminhos possíveis para obstáculos que apareçam na trajetória da organização.

De alguma forma, a manobrabilidade da organização, usando o linguajar da analogia do avião, estaria sendo aumentada, e isto significaria maior flexibilidade e capacidade de adaptação às mudanças do mercado. No caso de pessoas, a simulação de cenários alternativos torna-se uma ferramenta importante para que se evitem surpresas no dia a dia.

Senge também destaca que costumam ser encontradas, nas organizações, barreiras ao aprendizado, conforme se detalha a seguir.

As barreiras do aprendizado

As barreiras do aprendizado representam valores distorcidos, incorporados por muitas pessoas e organizações, que dificultam a adoção de modelos de gestão mais adequados. Peter Senge (1998) aponta como principais barreiras as que se seguem.

Eu sou meu cargo

A parábola narrada a seguir nos auxilia na compreensão dessa barreira. Um repórter, passeando por uma construção, fez perguntas àqueles que encontrava pelo caminho. Ao primeiro, um homem com uma caneta e uma prancheta na mão, perguntou o que ele estava fazendo.

— Sou o almoxarife da obra. No momento, estou conferindo o material que está saindo.

O repórter andou mais um pouco e encontrou outro homem que abria sacos de cimento e também lhe perguntou o que fazia.

— Sou o responsável pelo concreto. Estou preparando o cimento para colocar na betoneira.

Continuando sua caminhada, o repórter finalmente encontrou um homem que carregava um simples balde d'água.

— O que você está fazendo? — perguntou a ele também.

O homem respondeu, então, com os olhos brilhando e a alegria de quem tem um objetivo:

— Estou construindo uma escola.

A ideia proposta nesta parábola é a de que cada indivíduo tende a identificar-se por meio de sua função na organização, fazendo isso de forma estreita e restrita. Na realidade, o perigo de tal comportamento está na falta de sensibilidade ao contexto e na falta de compreensão dos objetivos maiores e integrados de uma atividade dentro da organização.

É importante que cada um compreenda bem o processo estrito de sua própria tarefa, para realizá-la bem. Mas é indispensável que saiba também o porquê de sua existência, seus antecedentes e consequentes, para que as atividades de criação e aprendizado tenham campo fértil para se desenvolver.

O inimigo está lá fora

Essa ideia de "o inimigo está lá fora" caracteriza bem o mecanismo de defesa que existe em cada um de nós, ao procurarmos desculpas para nossas falhas em lugar de corrigi-las, e buscarmos transferir a responsabilidade por nossos erros para outras pessoas. Em vez de buscar as causas que possam ser eliminadas, procuramos muitas vezes imputar a culpa a outras pessoas ou a fatores que não estejam sob nosso controle.

Aqueles que não reconhecem seus próprios erros dificilmente reconhecerão a necessidade de aprender alguma coisa nova. A posição inflexível, a postura do infalível, são coisas que certamente formam uma barreira de difícil transposição para o aprendizado.

A ilusão de assumir o comando

A seguinte piada auxilia no entendimento dessa barreira: um estatístico, com medo de viajar em um avião em que um terrorista levasse uma bomba, passou a levar uma bomba ele mesmo. Como a probabilidade de que duas bombas fossem transportadas em um avião era infinitamente menor do que a de uma bomba só, ele passou a sentir-se seguro.

Sem dúvida, ser proativo é uma necessidade. No entanto, é essencial entender que as antecipações aos problemas devem ser feitas em bases seguras, bem planejadas e fundamentadas em informações o mais precisas possível. Quem acha que já sabe o que vai acontecer cria uma barreira para a percepção dos fatos que realmente acontecerão. Vacina-se contra o aprendizado.

A fixação em eventos

A visão instantânea de um fato é como a atitude de um homem do qual não se conhece o passado. Ao julgarmos o momento, apenas, estaremos deixando de lado todas as coisas que o levaram até ali e que, certamente, nos fariam entender melhor suas razões e a melhor forma de ajudá-lo ou de compreendê-lo.

No momento em que fotografamos o instantâneo de um evento, não temos a exata consciência de seus antecedentes e, se não procurarmos conhecê-los, nossa tendência é, quase sempre, a de inferir o que não sabemos e julgar pelo que modelamos. É quase como se quiséssemos definir o caráter de uma pessoa apenas por um retrato seu.

Assim, a fixação em eventos nos leva a simplificar as questões e a fechar ideias, atuando como uma forte barreira à aceitação de ideias novas relacionadas com a essência real dos fatos. A apercepção[4] é forte demais para aceitar alguma ação de novos estímulos, e o aprendizado deixa de acontecer.

A parábola do sapo escaldado

Essa conhecida parábola diz que, se você colocar um sapo dentro de uma panela de água fervendo, ele pulará imediatamente, salvando-se. Caso você o coloque, porém, em água à temperatura ambiente, ele ficará quieto, acomodado. Aumentando gradativamente a temperatura da água, o sapo se sentirá, em um primeiro momento, confortável com o calor ameno. À medida que a temperatura for aumentando, ele ficará cada vez mais relaxado, até não ter mais condições de sair da panela. Assim, sem que nada o prenda, o sapo ficará passivo na panela, sendo escaldado.

A rapidez da resposta às mudanças depende da capacidade de assimilação da informação, do aprendizado e do preparo

---

[4] Padrão da mente que é comparado com um estímulo para formar uma percepção.

para a percepção clara das alterações ocorridas no contexto em que está inserida uma organização.

A parábola do sapo escaldado é um exemplo bastante bom do despreparo para a percepção de ameaças ou mudanças ocorridas no meio ambiente.

As organizações precisam aprender, na escala de tempo adequada, a ter sensibilidade para a percepção dessas alterações e, o que é mais importante, devem ter também capacidade de "sair da panela", pensando numa forma de aproveitar a "água quente".

A ilusão de aprender por experiência

"Aqui se aprende a morrer pela pátria." Esta frase está gravada na parede da Academia Militar das Agulhas Negras, em Resende, estado do Rio de Janeiro. Ela tem um significado muito forte para todos os que passaram por aquela escola, mas ninguém aprendeu a morrer, morrendo.

Diversos tipos de aprendizado não podem acontecer por experiência. Há disciplinas do aprendizado para as quais a experimentação não surte o efeito desejado, uma vez que seus efeitos ou são irreversíveis ou fogem ao controle de quem os pratica.

Muitas das decisões tomadas em uma organização têm efeito demorado que, muitas vezes, só vem a acontecer depois que quem tomou a decisão já tenha deixado o cargo ou mesmo a organização. Dessa forma, nem sempre este poderá experimentar o resultado de sua ação. A consequência disso é que algumas pessoas, por não terem a experiência vivida por si próprias de assuntos sobre os quais precisam decidir, deixam de tomar essas decisões por não acreditarem no aprendizado pela experiência alheia, ou até mesmo pela capacidade de aprenderem por inferência.

O processo de ensaio e erro não deve ser a única forma de aprender. Se o retorno da experiência for remoto, ou se as consequências de uma decisão forem irreversíveis ou fatais, é preciso que se aprenda outra forma de aprender que não a da experiência.

O mito da equipe administrativa

"Na soma das idades deles estão séculos de experiência" é uma afirmação que pode conduzir a uma ilusão. É inegável o valor do conhecimento acumulado por meio da experiência de pessoas que vivem uma função durante muito tempo. A importância desse conhecimento é grande, e sua existência em uma organização é uma riqueza inestimável. Pode ocorrer, no entanto, que as pessoas que compõem essa equipe comecem a prejulgar fatos ou situações baseadas em um *déjà-vu*.[5] As consequências, em face da dinâmica das mudanças cada vez mais rápidas, tendem a ser desastrosas.

A equipe administrativa que acreditar demais em soluções padronizadas, que já mostraram sua efetividade um sem-número de vezes, impõe a si mesma uma fortíssima barreira à aquisição de novos conhecimentos. Em alguns casos, acontece um sintoma ainda mais grave: o corporativismo dos membros da equipe. Mesmo quando se percebe alguma falha nas decisões tomadas pelo grupo, esta não é consciente e publicamente admitida, pois isto poria em risco a credibilidade funcional de seus membros.

O medo do insucesso

"Em time que está ganhando não se mexe" é um ditado de grande aceitação popular, mas que pode conduzir a equívocos.

---

[5] Expressão francesa para a sensação de já haver estado em determinado lugar ou vivido certa situação quando isto, na verdade, não aconteceu.

Fazer coisas novas, tentar novas formas de atuação, andar por caminhos nunca percorridos são experiências que nos trazem a sensação do desconhecido: o medo. Muitas pessoas preferem assumir a imobilidade em detrimento da dinâmica. É como se se recusassem a crescer, receosas de perderem as roupas que custaram a adquirir. Temem o insucesso incerto da mudança e garantem o fracasso certo da estagnação.

Como podemos perceber pela relação de barreiras apresentadas, a adoção de um modelo de gestão que favoreça a aprendizagem organizacional precisa enfrentar obstáculos significativos. Por meio da quinta disciplina — o raciocínio sistêmico —, no entanto, as organizações podem adotar uma nova postura diante dos desafios que enfrentam e investir na melhoria de fatores como a qualidade de raciocínio, a capacidade de reflexão e a aprendizagem em grupo, deixando de ser sistemas administrativos voltados para o simples controle do comportamento das pessoas.

A complexidade da ambiência corporativa destacada nos estudos relacionados à aprendizagem organizacional fica mais evidenciada na chamada teoria do caos, que veremos a seguir.

Teoria do caos

As teorias administrativas tradicionais revelam-se limitadas no acompanhamento das turbulências que caracterizam a sociedade contemporânea. Mesmo as abordagens que pretendem contemplar a adaptação à mudança, como a contingencial, incorrem em uma característica que pode se tornar limitadora: a pressuposição de que é preciso buscar sempre a manutenção de um estado de equilíbrio. Os modelos de gestão construídos nessa perspectiva pretendem criar condições para que sejam alcançados resultados predeterminados, acreditando-se que existem sempre relações de causa e efeito que podem ser mapeadas e controladas.

Como vimos no primeiro capítulo, entre os pensadores e cientistas que construíram as bases do pensamento mecânico, típico da sociedade industrial, destacou-se Isaac Newton, que formulou diversas leis da física. A física newtoniana foi a inspiração seguida por muitos cientistas que buscaram descobrir elementos de lógica, ordenamento e previsibilidade, aí incluídos diversos autores da ciência administrativa.

Nas últimas décadas, a própria física teve seus paradigmas profundamente revistos, com os avanços da física quântica, na qual muitas das leis de Newton se revelam pouco aplicáveis. Uma das manifestações que derivam das novas perspectivas adotadas pela física é a chamada teoria do caos.

Na mitologia grega, o caos era considerado o estado não organizado, ou o nada, de onde todas as coisas surgiam, incluindo os próprios deuses. O termo passou a ser utilizado pelos gregos com o significado de vasto abismo ou fenda. Atualmente, o sentido mais usual na linguagem cotidiana é desordem, confusão. Na teoria aqui apresentada, a palavra caos possui, porém, uma conotação bem distinta. Os eventos caóticos seriam aqueles que se caracterizam pela impossibilidade de serem previstos por leis matemáticas. São fenômenos e sistemas cuja complexidade escapa ao alcance dos mecanismos de análise e de controle de causa e efeito, nos quais a aleatoriedade, o desequilíbrio e a imprevisibilidade são prevalentes, no lugar da ordem, do equilíbrio e da previsibilidade percebidos pela física tradicional (Bauer, 1999).

Como ponto de partida dessa teoria, podem ser apontados os estudos desenvolvidos por Edward Lorentz, em 1962. Procurando desenvolver um modelo matemático para o estudo da meteorologia, Lorentz percebeu que qualquer alteração nas condições iniciais, mesmo que insignificante, impedia que fossem feitas previsões climáticas. Nesse contexto, foi por ele criada a metáfora que ficou famosa, segundo a qual o simples bater de asas de uma borboleta em um país pode desencadear um tornado em outro. O movimento da borboleta representa, nessa metáfora, as alterações que ocorrem e que nos parecem pequenas demais para serem percebidas ou consideradas. Diante da ocorrência de um problema complexo, como um tornado, não é possível o mapeamento de suas causas a ponto de perceber-se o impacto de cada uma.

Para que você possa compreender melhor as características da teoria do caos, a seguir expostas, vamos apresentar uma breve explicação do termo "fractal". Benoit Mandelbrot, um matemático funcionário da IBM, dedicou-se a estudar alguns fenômenos que nenhum modelo de análise matemática, por mais sofisticado que fosse, conseguia explicar — como, por exemplo, a frequência com que as linhas telefônicas utilizadas pela empresa para transmissão de dados apresentavam ruídos que dificultavam a comunicação.

Uma das descobertas feitas por Mandelbrot, no decorrer de seus estudos, foi que a geometria tradicional não era adequada para a mensuração de áreas irregulares, encontradas em diversas formas da natureza, como o contorno de uma folha, do litoral, de uma montanha ou de um fragmento de rocha. O estudo dessas formas requeria a utilização de dimensões fracionárias, por ele chamadas fractais — do adjetivo latino *fractus*, do verbo *frangere*, quebrar, fraturar.

Como exemplo de medida que não poderia ser mensurada com exatidão pelos métodos tradicionais, Mandelbrot tomou a medição da costa da Inglaterra. Nesse estudo, ele percebeu que o grau de irregularidade permanecia constante, qualquer que fosse a escala utilizada. Ou seja, de perto ou de longe, os padrões de forma revelavam-se os mesmos. A irregularidade era, paradoxalmente, regular. Fractais podem ser, assim, definidos como objetos e formas que apresentam autossemelhança infinita, ou seja, têm sempre cópias aproximadas de si mesmos em seu interior (Mandelbrot, 2004).

Como princípios básicos da teoria do caos, podem ser apontados (Porto, 2001):

- quando um sistema extrapola o ponto limite de previsibilidade, tornando-se imprevisível, é denominado caótico, caracterizando-se como um sistema não-linear, que sofre alterações significativas, mesmo diante de pequenas alterações nas condições iniciais;
- conforme demonstrado pelas experiências meteorológicas de Lorentz, as alterações ocorridas produzem, com o tempo, efeitos qualitativamente distintos em sistemas não-lineares. Esse comportamento é bem distinto, portanto, do que se verifica nos fenômenos lineares, que são minoritários, nos quais as alterações nos estímulos levam a mudanças proporcionais nas respostas;
- os sistemas complexos, ou caóticos, possuem uma característica denominada fractalidade, ou formas fractais, que consiste na existência de padrões recorrentes. A despeito de não haver uma repetição previsível dos fenômenos observados, a fractalidade dá ao caos um sentido cíclico. Cada forma fractal origina outras formas similares recorrentes, fazendo com que os padrões de trajetórias se repliquem internamente, representando as possíveis trajetórias a partir da forma inicial. Este é o chamado princípio da auto-organização;
- os fractais, embora fujam aos métodos tradicionais de controle e previsão, não são formas aleatórias. Correspondem, na verdade, a uma espécie de geometria da natureza. As nuvens, as rochas porosas, os cristais e as linhas costeiras são exemplos de fractais naturais. A identificação da dimensão fractal de um sistema permite uma compreensão qualitativa do fenômeno estudado, pois os fractais não são uma coleção

de partes: eles são as formas do todo em movimento. Essa concepção choca-se, portanto, com a ciência tradicional, que decompõe o todo em partes e as estuda separadamente, para depois reunir os resultados.

Nos modelos de gestão tradicionais, os sistemas organizacionais são vistos como, embora sujeitos a perturbações, tendentes ao equilíbrio por meio da adaptação, da autorregulação. Em consequência, um único tipo de mudança é enfatizado: a incremental, que ocorre paulatinamente em uma única direção predeterminada.

As mudanças ambientais mais comuns atualmente impactam, todavia, as organizações de formas abruptas e profundas. Com isso, os esforços de retorno ao equilíbrio revelam-se não apenas ineficazes como também disfuncionais, podendo trazer prejuízos às organizações. Muitos gestores apoiam-se em modelos e processos que tentam prever o imprevisível, visando reduzir a ansiedade que a incerteza provoca. É comum a ilusão de se perceber uma empresa como um sistema no qual um agente externo, como um consultor, ou um agente interno privilegiado, como um grande executivo, está apto a adotar escolhas e a tomar decisões que direcionem o futuro da organização. As propostas tradicionais de planejamento estratégico, que assumem ser possível vincular causa a efeitos específicos, são também exemplos típicos dessa disfunção. Quanto mais complexo for o ambiente de mercado, mais precários e menos duradouros serão os planos estratégicos, pelo simples fato de que as relações de causa e efeito se fragilizam (Porto, 2001).

A teoria do caos revela-nos a fragilidade das certezas que são oferecidas pelos modelos tradicionais de análise e projeções e a necessidade de aceitarmos que os sistemas não-lineares são a grande maioria, em especial em ambientes de negócios cada vez mais turbulentos. Os modelos de gestão mais adequados às organizações contemporâneas não são, certamente, os que trabalham sob perspectivas de previsibilidade e controle das relações de causa e efeito. A teoria da complexidade, apresentada a seguir, reforça e complementa essa percepção de uma sociedade, de organizações e pessoas que não devem ser analisadas com base em modelos simplistas.

Teoria da complexidade

A teoria da complexidade tem no sociólogo francês Edgar Morin, nascido em 1921, seu principal expoente. Morin procura refutar a lógica que percebe o mundo como passível de ser estudado sob a perspectiva da construção de certezas, herdada da tradição cartesiano-newtoniana, que busca explicações racionais para os fenômenos naturais e sociais, a partir de leis naturais, simples e imutáveis. A complexidade, em contraposição, destaca que o mundo no qual vivemos é marcado por incertezas, necessitando ser examinado de uma forma bem distinta daquela tradicionalmente utilizada por cientistas e pensadores. Assim, em lugar da antiga percepção reducionista, cartesiana, faz-se necessária a conquista de uma nova visão sistêmica, pós-cartesiana, a qual está ainda em gestação.

Morin dedicou-se ao estudo do que chamou de sondagens de limiar, que representam os pontos de encontro e desencontro entre as várias áreas do conhecimento científico, cultural, filosófico e literário. O combate à visão fragmentada de mundo representa uma de suas principais preocupações. Na sua concepção, os saberes separados, fragmentados, compartimentados entre disciplinas revelam-se cada vez mais inadequados, diante de problemas polidisciplinares, transversais, multidimensionais, transnacionais e globais que marcam a nossa era. A hiperespecialização, que caracteriza o conhecimento construído com base nos cânones tradicionais da ciência, nos impede de ver o global, que fica fragmentado em parcelas, e o essencial, que fica diluído. O retalhamento das disciplinas, conforme nos são apresentadas desde a escola, torna extremamente difícil apreender "o que é tecido junto", isto é, o complexo, segundo o sentido original do termo (Morin, 1999).

Na ciência, a característica maior desse modelo fragmentado é a especialização. Cada disciplina é dividida em subdisciplinas e estas se segmentam em milhares de campos e subcampos distintos, cada qual com seus *experts*. Diante desse problema, vemos que, como percebeu Thomas Kuhn, a ciência perde o seu caráter predominantemente investigativo, tornando-se uma espécie de jogo de quebra-cabeça, no qual os cientistas parecem crer que todas as peças do "jogo" existem para completá-lo, bastando para isso encontrar as que estão ocultas (Kuhn, 2003).

O pensamento de Morin ganhou notoriedade com a publicação, em 1977, da primeira parte de *La méthode: la nature de la nature*. Nesse livro, o autor procurou apresentar um conhecimento "enciclopedante", no lugar da tradicional abordagem enciclopédica, defendendo a abordagem dos conhecimentos dispersos de forma a ligá-los uns aos outros e propondo uma epistemologia da complexidade (Morin, 2003).

O método de pensamento proposto por Morin envolve a construção do conhecimento em rede, não devendo ser percebido como um acúmulo linear, lógico e cronológico do saber. A ciência é vista, nessa nova perspectiva, como uma espécie de mapa multidimensional, com fronteiras não muito rígidas entre as diversas disciplinas e com pontes que promovem um constante intercâmbio entre elas. A informação desconhece as fronteiras geográficas, propagando-se com extrema facilidade por todo o mundo, graças às novas tecnologias de comunicação. Vivemos em um sistema cada vez mais interdependente, envolvendo países, estados, cidades, organizações e pessoas. Juntamente com a integração do espaço físico, observamos o sentimento de aceleração do tempo que caracteriza a nossa era. As características do mundo contemporâneo interpenetram-se, produzindo uma complexa teia, na qual todas as partes se influenciam mutuamente. Como resultado, os conceitos, as descobertas, ideias e técnicas desenvolvidas por uma área podem vir a ter implicações inesperadas em outros campos aparentemente desconexos. Com isso, o conhecimento precisa ser visto não mais de forma isolada, mas em suas complexas relações com o contexto a que pertence (Petraglia, 1999; Vergara, 2007).

Outra importante questão levantada por Morin diz respeito à forma como o conhecimento é construído. Na perspectiva do pensamento complexo, não se deve considerar o objeto do saber em sua realidade objetiva, sem interferência do sujeito que o analisa. O cientista e os pensadores não mais devem ser vistos como sujeitos seguros, baseados em certezas absolutas. Devem, sim, ser percebidos como sujeitos interrogantes que tentam, diante da complexidade e constante transformação que caracterizam o mundo, encontrar pontos de apoio que auxiliem na percepção das características das novas ordens que vêm sendo construídas, ainda que provisórias, convivendo com dúvidas e incertezas.

No que tange aos modelos de gestão, a teoria da complexidade apresenta uma contribuição parecida com a teoria do caos, destacada na seção anterior do presente capítulo. Seus postulados nos ajudam a perceber as fragilidades dos modelos de gestão tradicionais. A busca de certezas e previsibilidade, a ênfase no controle dos acontecimentos, a visão fragmentada dos fatos internos e externos à organização, a análise de problemas em uma ótica de pretensa neutralidade técnica e a hiperespecialização são algumas das mazelas encontradas nas teorias administrativas tradicionais que têm suas incongruências destacadas a partir da apropriação do pensamento de Morin no campo da gestão organizacional.

Outra conclusão favorecida pela teoria da complexidade é que a criatividade, esse valor tão caro às empresas contemporâneas, só pode se desenvolver a partir do afastamento do equilíbrio. Os paradigmas tradicionais de gestão impõem a busca de adaptação ao ambiente, por meio de esforços orientados de retorno ao equilíbrio que se manifestam sempre que um fato novo surge. Dessa forma, qualquer liberdade de escolha, condição básica para uma ação criativa, fica limitada pelas restrições dispostas pelo ambiente. Nos sistemas distantes do equilíbrio, esse problema não ocorre. Eles não estão adaptados ao seu ambiente, exatamente por estarem distantes do equilíbrio e, por isso, não sofrem as restrições provenientes das circunstâncias desse ambiente (Bauer, 1999).

O equilíbrio foi, aliás, um valor muito caro aos primeiros estudiosos da administração, conforme visto nos capítulos anteriores. A manutenção da ordem e do equilíbrio implica, normalmente, a renúncia às possibilidades de rupturas. A história mostra-nos, no entanto, que muitas rupturas se fizeram necessárias para que uma sociedade mais justa fosse construída. A gestão libertária e economia de comunhão, foco de atenção da próxima seção, representa uma proposta de ruptura profunda com os modelos de gestão estabelecidos.

Uma nova escola: gestão libertária e economia de comunhão

Vários movimentos políticos e sociais mais ou menos exitosos podem ser relembrados. O marxismo, o comunismo, a visão de mundo oriental contrapondo-se à ocidental, o anarquismo, o liberalismo, entre vários outros, caracterizaram momentos importantes nos contextos político, social e econômico. Encontramos em todos esses movimentos uma grande preocupação com o estabelecimento de garantias para a liberdade do ser humano. Já se consagraram as discussões sobre direitos humanos, interdependência dos gêneros e até a possibilidade de uma economia de comunhão, com bastante frequência.

Essa reflexão nos conduz à introdução dos conceitos de gestão libertária e economia de comunhão. Procuraremos expor o conceito de gestão libertária. O cerne desse conceito é a gestão política dos indivíduos, por meio da existência de valores que propiciem participação consciente na transformação da realidade organizacional e, como consequência, na sociedade.

A prevalência de valores individuais é um caminho que pode nos conduzir ao desenvolvimento e à consolidação de mudanças organizacionais capazes de levar à gestão libertária, partindo-se do pressuposto de que essa transformação só se conquista por meio da liberdade e da solidariedade. Daí a necessidade de transformação do processo de formação de gestores por meio da educação libertária, que visa alcançar o "estado de felicidade organizacional", mesmo considerando a relatividade desse conceito.

Seja do ponto de vista da ciência política, filosofia e psicologia, a externalização da felicidade está intimamente atrelada aos valores individuais. A felicidade será atingida na medida em que o processo de busca de valores inerentes à condição humana seja permanente, a fim de possibilitar o exercício desses valores.

Decorre do que se expôs que as escolhas dos instrumentos de gestão e sua implementação estão condicionadas por valores alicerçados em vivências associadas a prazer e dor. Explica-se, portanto, que formas de gestão se apresentem bastante diferenciadas. Isso significa que essa diferença não garante o comprometimento de indivíduos e o desenvolvimento de organizações justas e humanas, nem, portanto, a criação do estado de felicidade organizacional. Assim, esse estado só se concretiza quando e se os valores se referem à liberdade e à solidariedade.

Em sua essência, a gestão libertária baseia-se no ensino antiautocrático integral, de maneira a não se imporem limites às possibilidades de aprendizagem, desenvolvimento profissional e pessoal, além de ser antidiscriminatória em todos os sentidos. A gestão libertária deve ser entendida a partir da aspiração à solidariedade, já que qualquer tipo de preconceito e diferenciação acentua a falta de liberdade, de solidariedade entre os membros da sociedade e, consequentemente, dentro das organizações.

Finalmente, ressaltamos a associação que se pode estabelecer entre a gestão libertária e a economia de comunhão. Esta, surgida originariamente no Movimento dos Focolares na Itália e impregnada inicialmente de cunho religioso, apresenta-se concretamente como experiências no exterior e no Brasil, em que os outros modelos de gestão foram desmontados e as práticas organizacionais realmente se alicerçam na troca e comunhão entre todos os atores organizacionais.

É possível que esteja florescendo uma nova escola de gestão. Como ocorreu com todas as que a precederam, ainda levará algum tempo para que seus pressupostos sejam efetivamente incorporados na teoria administrativa. Diversas ideias por ela propostas nos parecem estranhas e inaplicáveis às organizações que conhecemos. É preciso lembrar, entretanto, que o mesmo ocorreu com outras escolas, cujas proposições foram julgadas inviáveis na época em que surgiram, mas hoje nos parecem naturais e são facilmente encontradas nos modelos de gestão adotados pelas organizações.

Nas diversas proposições comentadas neste capítulo, encontramos mudanças radicais de perspectiva sobre a natureza e o funcionamento das organizações de trabalho. Em comum entre as diversas teorias apresentadas, observamos a denúncia, ainda que indireta, do reducionismo que caracteriza muitos dos estudos administrativos. A gestão de pessoas é uma das áreas mais beneficiadas pelo surgimento dessas contribuições inovadoras. O ser humano foi reduzido, em muitos modelos de gestão, a um simples insumo produtivo, um recurso, uma "mão-de-obra", dissociado, portanto, de sua natureza plena, com seus aspectos psicológicos, sociais, intelectuais e afetivos. A adoção de modelos de gestão baseados em visões inovadoras como essas aqui apresentadas exigirá, como ponto de partida, a adoção de uma nova percepção sobre o papel da gestão de pessoas nas organizações.

Conclusão

Partindo da definição de um modelo como aquilo que serve de exemplo ou norma em determinada situação, podemos perceber que as decisões tomadas e as práticas adotadas nas organizações não ocorrem de forma isolada. Por trás das convicções que mantemos sobre as medidas que julgamos mais adequadas no nosso dia a dia profissional, estão paradigmas que, mesmo despercebidos, foram por nós adotados como referência.

Os primeiros estudos sistemáticos da gestão organizacional assumiram uma concepção mecânica de mundo. A previsibilidade, a padronização, o controle centralizado e a visão fragmentada destacam-se como alguns dos principais valores incorporados pelos modelos de gestão baseados nessa perspectiva. Impregnados pela racionalidade científica construída com base em Descartes, Bacon, Newton e outros, vários estudiosos da administração construíram arranjos produtivos que trouxeram, para as inúmeras empresas onde foram postos em prática, significativos aumentos de produtividade. Esses mesmos arranjos, todavia, têm merecido muitas críticas, pela forma como o ser humano é neles considerado, reduzindo-se o trabalhador a um mero insumo do processo produtivo. A complexidade do mundo contemporâneo é outra fonte de fraqueza desses modelos, pois a lógica em que foram concebidos não se revela adequada para lidar com a incerteza, a despadronização e outras características hoje encontradas na sociedade.

No final da década de 1920, o capitalismo mundial foi abalado pela quebra da Bolsa de Nova York e pelo esgotamento do modelo de produção em massa com ênfase exclusiva no aumento da produtividade, desvinculado de uma política mais ampla de negócios. As dificuldades enfrentadas por ícones como a Ford Motors levaram muitas companhias a se abrirem para novas propostas de gestão. A abordagem humanística ganhou vulto a partir dessa época, resgatando e aprofundando ideias defendidas por pioneiros como Mary Parker Follett e Robert Owen, que até então tinham sido rejeitadas pelas empresas. A perspectiva humanística procurou caracterizar-se como uma alternativa ao tratamento dado pelas teorias clássicas ao trabalhador, resgatando as dimensões psicossociais do trabalho e preconizando a adoção de arranjos produtivos mais humanizados. Os principais articuladores das teorias que compõem essa abordagem buscaram demonstrar que a motivação e o comprometimento de todos os envolvidos são essenciais para a obtenção de níveis mais elevados de produtividade.

A partir da segunda metade do século XX, quando novas crises se abateram sobre o sistema político e econômico, outras fraquezas dos modelos administrativos, até então predominantes, foram reveladas. Surgiram, então, teorias que buscaram ampliar o foco de atenção da gestão, que deixou de tratar exclusivamente dos assuntos internos às organizações, preocupando-se com o ambiente no qual elas estão inseridas.

A visão sistêmica foi incorporada pela administração nessa ocasião, propondo uma gestão orientada para o melhor aproveitamento, pelas empresas, das demandas e oportunidades oferecidas pela sociedade. A teoria contingencial, que também surgiu nesse mesmo contexto, trouxe para os estudos organizacionais a percepção de que não existem modelos certos ou errados, e sim adequados ou não às circunstâncias em que são aplicados.

A gestão estratégica veio aprofundar a busca de integração com o ambiente externo defendida pela teoria sistêmica, oferecendo métodos de prospecção de oportunidades e ameaças no mercado e mecanismos mais sofisticados de planejamento corporativo.

As últimas décadas do século XX marcaram o início de uma nova era, conhecida como sociedade pós-industrial. Nesses novos tempos, o mundo passou a enfrentar problemas complexos e instabilidade em níveis sem precedentes. Os mesmos modelos de gestão que até então pareciam modernos e eficazes revelaram-se incapazes de dar respostas satisfatórias às novas demandas que surgiram com a globalização, as mudanças no capitalismo e nos sistemas de governo da maioria dos países e a diversidade cultural manifesta na sociedade, entre outras características que marcam a época em que vivemos.

A instabilidade favoreceu a busca de novas abordagens administrativas, dando lugar a algumas perspectivas bastante inovadoras. Uma das características interessantes de grande parte dessas teorias emergentes é que, no lugar de certezas e prescrições de receitas de sucesso, oferecem alertas vigorosos sobre a fragilidade de qualquer modelo, por mais sofisticado que possa ser, em oferecer aos gestores o controle absoluto das organizações e dos resultados, como pretenderam as abordagens tradicionais. São modelos ainda em construção e que não foram plenamente incorporados pelas empresas, mas que nos oferecem uma importante contribuição crítica.

Como vimos, diversas são as abordagens a partir das quais os modelos de gestão podem ser construídos. A ciência administrativa evoluiu bastante nas últimas décadas, e novas perspectivas se abrem para os gestores dispostos a explorá-las. Devemos, todavia, admitir que antigos problemas prevalecem em grande parte das organizações que conhecemos. As disfunções da burocracia são facilmente detectadas. A visão utilitarista, que reduz o ser humano a uma espécie de peça da engrenagem produtiva, continua a ser a tônica da prática gerencial de muitas companhias. A pretensão de controle e previsibilidade ainda aparece de forma muito evidente em muitos sistemas de planejamento, e a visão fragmentada de mundo continua sendo mais praticada do que a percepção holística.

Por fim, é importante lembrar que os modelos de gestão podem oferecer maior probabilidade de ancorar o processo de mudança organizacional, em vez de impulsioná-lo.

Vários fatores podem contribuir para o insucesso nos processos de implementação de modelos de gestão. Um desses fatores é a falta de visão, por parte dos gestores, do reducionismo que é inerente a qualquer esforço nesse sentido. Por mais abrangente que pretenda ser, um modelo de gestão não consegue dar conta de todo o complexo universo de variáveis que compõem a organização.

Em segundo lugar, a concepção de modelos bastante abrangentes, por integrarem o maior número possível de variáveis, não direciona nem garante a transformação organizacional, por ser incapaz de dar conta da subjetividade humana e dos valores individuais.

A questão do poder emerge também como maior entrave a qualquer tentativa de implementação de modelos de gestão, caso não se lide com esse assunto de maneira objetiva, transparente e sem subterfúgios.

Vale ainda lembrar que a natureza e o cerne dos modelos de gestão se encontram na sua dimensão político-ideológica. Assim, as teorias da modelagem organizacional, ao considerarem em seus modelos as características sociotécnicas, reduzem a questão, por deixarem de enfatizar o mais relevante: o enfoque sociopolítico-ideológico.

O sucesso das mudanças que os gestores precisam buscar em suas organizações depende, entre outros fatores, da adoção de uma política de gestão de pessoas adequada aos novos modelos de gestão. A superação das limitações apontadas nos estudos administrativos mais tradicionais e a incorporação de ideias propostas pelas abordagens inovadoras estão relacionadas à forma como a organização percebe as pessoas que nela trabalham.

Com essas ressalvas não pretendemos, caro leitor, desanimá-lo. Ao contrário, quando estamos cientes das dificuldades que precisam ser enfrentadas, podemos mais facilmente superá-las. Cabe a cada um de nós, estudiosos da administração e gestores organizacionais, adquirir a consciência de que os modelos de gestão não surgem por geração espontânea. São criados por pessoas como nós, que poderemos, portanto, aperfeiçoá-los, se tivermos abertura mental e coragem suficiente para tanto. Nossas organizações serão, no futuro, aquilo que construímos hoje, seja com nossa passividade, seja com nossa ação para a mudança.

Referências

ALDRICH, Howard. *Organizations and environments*. Englewood Cliffs: Prentice Hall, 1979.

ALVESSON, Matz; DEETZ, Stanley. Teoria crítica e abordagens pós-modernas para estudos organizacionais. In: CLEGG, Atewart R.; HARDY, Cynthia; NORD, Walter R. (Orgs.). *Handbook de estudos organizacionais*. São Paulo: Atlas, 1999.

ANSOFF, H. Igor. *Estratégia empresarial*. São Paulo: McGraw-Hill, 1977.

_____. *Administração estratégica*. São Paulo: Atlas, 1983.

AQUINO, Rubim Santos Leão de et al. *História das sociedades*: das sociedades modernas às atuais. Rio de Janeiro: Record, 1999.

ARAGÃO, Lúcia Maria de Carvalho. *Habermas*: filósofo e sociólogo do nosso tempo. Rio de Janeiro: Tempo Brasileiro, 2002.

BACON, Francis. *Novum organum:* ou verdadeiras indicações acerca da interpretação da natureza. São Paulo: Nova Cultural, 2000.

BALASSA, Bela. *The Hungarian experience in economic planning*. New York: Yale University Press, 1959.

BARNARD, Chester. *As funções do executivo*. São Paulo: Atlas, 1971.

BAUER, Ruben. *Gestão da mudança*: caos e complexidade nas organizações. São Paulo: Atlas, 1999.

BLAU, Peter M.; SCOTT, W. Richard. *Organizações formais*. São Paulo: Atlas, 1972.

BOULDING, K. General system theory: the skeleton of science. *Management Science*, v. 2, n. 3, p. 197-208, 1956.

BRESSER-PEREIRA, Luiz Carlos. *Crise econômica e reforma do Estado no Brasil*: para uma nova interpretação da América Latina. São Paulo: Editora 34, 1996.

BURNS, T.; STALKER, G. M. *The management of innovation*. London: Tavistok, 1961.

CARAVANTES, Geraldo R. *Administração*: teoria e processo. São Paulo: Prentice Hall, 2005.

CASTELLS, Manuel. A empresa em rede e as organizações da economia informacional. In: _____. *A sociedade em rede*. 7. ed. São Paulo: Paz e Terra, 2003.

CAVALCANTI, Bianor. *The equalizer administration: managerial strategies in the public sector*. Tese (Doutorado) — Faculty of the Virginia Polytechnic Institute and State University, 2004.

CHIQUETTO, Marcos; VALENTIM, Bárbara; PAGLIARI, Estéfano. *Aprendendo física, 2:* física térmica e ondas. São Paulo: Scipione, 1996.

CLUTTERBUCK, David; CRAINER, Stuart. *Grandes administradores:* homens e mulheres que mudaram o mundo dos negócios. Rio de Janeiro: Zahar, 1993.

CORNFORD, Francis Macdonald. *Antes e depois de Sócrates*. São Paulo: Princípio, 1994.

CORRÊA, Carlos José. *A sexta disciplina:* simulação de cenários alternativos na empresa que aprende. Rio de Janeiro: Funcefet, 1998.

DAFT, Richard L. *Organizações:* teoria e projetos. São Paulo: Thomson, 2003.

DAVIS, K.; NEWSTRON, J. W. *Comportamento humano no trabalho.* São Paulo: Pioneira/Thomson Learning, 2001.

DE MASI, Domenico. *O futuro do trabalho:* fadiga e ócio na sociedade pós-industrial. 8. ed. Rio de Janeiro: José Olympio, 2003.

DESCARTES, René. *O discurso do método:* para bem conduzir a própria razão e procurar a verdade nas ciências. São Paulo: Escala, 2005.

DOMINGUES, José Maurício. *A sociologia de Talcott Parsons.* Niterói: Eduff, 2001.

ETZIONI, Amitai. *Organizações modernas.* São Paulo: Pioneira, 1984.

FAYOL, Henri. *Administração industrial e geral.* 10. ed. São Paulo: Atlas, 1994.

FERREIRA, Ademir Antônio; REIS, Ana Carla Fonseca; PEREIRA, Maria Isabel. *Gestão empresarial:* de Taylor aos nossos dias. 4. ed. São Paulo: Pioneira, 2000.

FRANÇA Célio F. *Gestão estratégica do setor público.* Rio de Janeiro: FGV, 2004.

FREITAG, Bárbara. *A teoria crítica:* ontem e hoje. São Paulo: Brasiliense, 1986.

GALBRAITH, Jay. Designing organizations: an executive guide to strategy, structure and process revesed. Hardcover, 2001.

_____ et al. *Organizando para competir no futuro.* São Paulo: Makron, 1995.

GEUSS, Raymond. *Teoria crítica:* Habermas e a escola de Frankfurt. Campinas: Papirus, 1988.

GOTTLIEB, Anthony. *Sócrates*: o mártir da filosofia. São Paulo: Unesp, 1999.

GRAHAM, Pauline (Org.). *Mary Parker Follett:* profeta do gerenciamento. Rio de Janeiro: Qualitymark, 1997.

HAMMER, Michael; CHAMPY, James. *Reengenharia:* revolucionando a empresa em função dos clientes, da concorrência e das grandes mudanças. Rio de Janeiro: Campus, 1993.

HAMPTON, David. R. *Administração contemporânea:* teoria, prática e casos. 3. ed. São Paulo: McGraw-Hill, 1991.

HAYEK, F. A. *The nature and history of the problem.* London: Routledge, 1935.

HENDERSON, Bruce D. As origens da estratégia. In: MONTGOMERY, Cynthia A.; PORTER, Michael (Orgs.). *Estratégia:* a busca da vantagem competitiva. Rio de Janeiro: Campus, 1998.

HOLZMAN, F. D. (Ed.). *Readings on the Soviet economy.* Chicago: Rand McMilly, 1962.

KATZ, D.; KAHN, R. *The social psychology of organizations.* New York: John Willey, 1966.

KUHN, Thomas. *A estrutura das revoluções científicas.* 7. ed. São Paulo: Perspectiva, 2003.

LAFER, Betty M. *Planejamento no Brasil.* São Paulo: Perspectiva, 1975.

LAWRENCE, P. R.; LORSCHE, J. W. *As empresas e o ambiente.* Petrópolis: Vozes, 1967.

LIKERT, Rensis. *Novos padrões de administração.* São Paulo: Pioneira, 1971.

LINHARES, C. F. S. *A escola e seus profissionais.* Rio de Janeiro: Agir, [s.d.].

MAGALHÃES, Fernando Coelho de. Uso do planejamento estratégico em organizações complexas do setor produtivo: o caso da IBM. In:

ARAÚJO, Braz (Org.). *Estratégia no novo cenário mundial.* São Paulo: Naipe/USP, 1996.

MANDELBROT, Benoit B. *Mercados financeiros fora de controle:* a teoria dos fractais explicando o comportamento dos mercados. Rio de Janeiro: Campus, 2004.

MARCH, James G.; SIMON, Herbert A. *Teoria das organizações.* Rio de Janeiro: FGV, 1981.

MASLOW, Abraham Harold. Uma teoria da motivação humana. In: BALCÃO, Yolanda Ferreira; CORDEIRO, Laerte Leite. *O comportamento humano na empresa:* uma antologia. 2. ed. Rio de Janeiro: FGV, 1971.

MAXIMIANO, Antônio César Amaru. *Teoria geral da administração:* da revolução urbana à revolução digital. São Paulo: Atlas, 2005.

McGREGOR, Douglas. *O lado humano da empresa.* 2. ed. São Paulo: Martins Fontes, 1992.

MINTZBERG, Henry. *The nature of managerial work.* New York: Harper & Row, 1973.

_____. *Estrutura e dinâmica das organizações.* Lisboa: Dom Quixote, 1995.

_____. *Safári de estratégia.* Porto Alegre: Bookman, 2000.

MINTZBERG, Quinn. *The strategy process:* concepts, context, cases. 2. ed. [s.l.]: Prentice Hall, 1991.

MORGAN, Gareth. *Imagens da organização.* Edição executiva. 2. ed. São Paulo: Atlas, 2002.

MORIN, Edgar. *Complexidade e transdisciplinaridade.* Natal: EDUFRN, 1999.

_____. *O método, 1:* a natureza da natureza. 2. ed. Porto Alegre: Sulina, 2003.

MOSCOVICI, Fela. *Renascença organizacional.* 5. ed. Rio de Janeiro: José Olympio, 1995.

MOTTA, Fernando C. Prestes. *Introdução à organização burocrática.* 2. ed. São Paulo: Thomson, 2004.

MOTTA, Paulo Roberto. Administração para o desenvolvimento: a disciplina em busca da relevância. *Revista de Administração Pública*, Rio de Janeiro: FGV, v. 6, n. 3, p. 39-53, jul./set. 1972.

_____. Todo mundo se julga vitorioso, inclusive você: a motivação e o dirigente. *Revista de Administração Pública*, Rio de Janeiro: FGV, v. 20, n. 1, p. 117-129, jan./mar. 1986.

_____. *Gestão contemporânea*: a ciência e a arte de ser dirigente. 13. ed. Rio de Janeiro: Record, 2001.

_____. *Manual de gestão estratégica*. Rio de Janeiro: FGV, 2001. ms.

OLIVEIRA, Bernardo Jefferson de. *Francis Bacon e a fundamentação da ciência como tecnologia*. Belo Horizonte: UFMG, 2002.

PARSONS, Talcott. *The social system*. New York: The Free Press, 1951.

PEREIRA, M. J. L. B.; FONSECA, J. G. *Faces da decisão:* mudanças de paradigmas e o poder da decisão. São Paulo: Makron, 1997.

PERROW, Charles. *Análise organizacional:* um enfoque sociológico. São Paulo: Atlas, 1972.

PETRAGLIA, Izabel Cristina. *Edgar Morin*: a educação e a complexidade do ser e do saber. 3. ed. Petrópolis: Vozes, 1999.

PINCHOT, Gifford; PINCHOT, Elizabeth. *O poder das pessoas*. Rio de Janeiro: Campus, 1997.

PORTO, Rosa Maria Braga. *Evolução das organizações*. Rio de Janeiro: FGV, 2001. (FGV Management, Cursos de Educação Continuada).

POSKITT, Kjartan. *Isaac Newton e sua maçã*. São Paulo: Cia. das Letras, 2003.

RAMOS, Alberto Guerreiro. *A nova ciência das organizações*. 2. ed. Rio de Janeiro: FGV, 1989.

RESCHER, Nicholas. *Introduction to value theory*. Englewood Cliffs, New Jersey: Prentice Hall, 1969.

ROBBINS, Stephen; COULTER, Mary. *Administração*. 5. ed. Rio de Janeiro: Prentice Hall, 1998.

SENGE, Peter. *A quinta disciplina*. São Paulo: Best Seller, 1998.

SERRA, Fernando A. Ribeiro; TORRES, Maria Cândida S.; TORRES, Alexandre Pavan. *Administração estratégica*: conceitos, roteiro prático e casos. Rio de Janeiro: Reichmann & Affonso, 2003.

SILVA, Benedicto. *Taylor & Fayol*. 5. ed. Rio de Janeiro: FGV, 1987.

SIMON, Herbert. *O comportamento administrativo*. Rio de Janeiro: FGV, 1965.

SLATER, Phil. *Origem e significado da escola de Frankfurt*. Rio de Janeiro: Zahar, 1978.

SOUZA, Agamêmnom Rocha; FERREIRA, Victor Cláudio Paradela. *Introdução à administração*: uma iniciação ao mundo das organizações. 7. ed. Rio de Janeiro: Pontal, 2006.

STRATHERN, Paul. *Descartes em 90 minutos*. Rio de Janeiro: Zahar, 1997.

TACHIZAWA, Takeshy et al. *Gestão de negócios*: visões e dimensões empresariais da organização. São Paulo: Atlas, 2001.

TAYLOR, Frederick Winslow. *Princípios de administração científica*. 8. ed. São Paulo: Atlas, 1995.

TENÓRIO, Fernando Guilherme. *Tem razão a administração?* Ensaios de teoria organizacional e gestão social. 2. ed. Ijuí: Unijuí, 2004.

TRAGTENBERG, Maurício. O paraíso da burocracia. Entrevistadora: Maria Carneiro da Cunha. *Revista Espaço Acadêmico*, ano 3, n. 26, jul. 2003. Disponível em: <http://www.espacoacademico.com.br>. Acesso em: 2 dez. 2004.

TRIST, Eric. The sociotechnical perpective. In: VAN DE VEN, Andrew; JOYCE, W. (Eds.). *Perspectives on organizational design and behavior*. Hoboken: John Wiley, 1981.

VERGARA, Sylvia Constant. *Gestão de pessoas*. 6. ed. São Paulo: Atlas, 2007.

VERGEZ, André; HUISMAN, Denis. *História da filosofia ilustrada pelos textos*. 4. ed. Rio de Janeiro: Freitas Bastos, 1980.

WEBER, Max. *A ética protestante e o espírito do capitalismo*. São Paulo: M. Claret, 2006.

WHITE, Michael. *Isaac Newton:* o último feiticeiro. Rio de Janeiro: Record, 2000.

WOODWARD, Joan. *Industrial organization:* theory and practice. London: Oxford University Press, 1965.

Os autores

Victor Cláudio Paradela Ferreira

Doutor em administração e mestre em administração pública pela Ebape/FGV. Possui experiência profissional e acadêmica no campo da administração, atuando como empresário, diretor, gerente, analista, consultor e professor em organizações privadas e na administração pública direta e indireta. É professor convidado de cursos de pós-graduação e corporativos da FGV desde 1992 e consultor organizacional.

Antônio Semeraro Rito Cardoso

Mestre e especialista em administração pública pela Ebape/FGV, especialista em ciências políticas pelo Centro Universitário Metodista Bennett e economista pela Universidade Candido Mendes. É técnico de planejamento e pesquisa do Instituto de Pesquisa Econômica Aplicada (Ipea) desde 1976 e professor convidado do FGV Management nos cursos de MBA, no qual leciona a disciplina modelagem organizacional e processos de mudança. Possui experiência em planejamento estratégico, diagnóstico organizacional e implementação de mudanças e trabalhos acadêmicos publicados em congressos e revistas especializadas.

Carlos José Corrêa

Doutor em engenharia da produção pela Coppe/UFRJ, mestre em engenharia mecânica pela PUC-Rio, especialista em sistemas e computação pela Coppe/UFRJ, engenheiro mecânico pelo Instituto Militar de Engenharia (IME) e físico pela UFRJ. Foi professor do IME, da Universidade Gama Filho e do Cefet-RJ. Participa, no momento, da implantação do mestrado em administração no Centro Universitário Bennett. Entre os cargos executivos desempenhados, foi instituidor e vice-presidente da Fundação de Apoio Cefet. É professor convidado dos cursos de MBA do FGV Management.

Célio Francisco França

Mestre em administração pela Universidade da Califórnia, Los Angeles. Foi secretário executivo do Programa Nacional de Desburocratização e presidente do Instituto Nacional de Propriedade Industrial (Inpi). Ocupou diversos cargos executivos na administração pública federal. É professor convidado do FGV Management e consultor organizacional, atuando em diversas organizações públicas e privadas, inclusive em projetos do Banco Interamericano de Desenvolvimento (BID) e do Conselho Latino Americano de Administração para o Desenvolvimento (Clade).